Sylvia Näger

Wenn Ameisen reisen

SYLVIA NÄGER

Wenn Ameisen reisen

Lyrik erleben mit Kindern
Die Welt der Sprache entdecken

Mit Illustrationen von Bjarke

HERDER

FREIBURG · BASEL · WIEN

MIX
Paper from
responsible sources
FSC® C010798

© Verlag Herder GmbH, Freiburg im Breisgau 2013
Alle Rechte vorbehalten
www.herder.de

Umschlaggestaltung: SchwarzwaldMädel, Simonswald
Umschlagbild und Illustrationen: Bjarke
Satz und Gestaltung: Arnold & Domnick, Leipzig

Herstellung: Graspo CZ, Zlín
Printed in the Czech Republic

ISBN 978-3-451-32460-4

Inhalt

Vorwort

Das Gedicht kann, da es ja eine Erscheinungsform der Sprache und damit seinem Wesen nach dialogisch ist, eine Flaschenpost sein, aufgegeben in dem – gewiss nicht immer hoffnungsstarken – Glauben, sie könnte irgendwo und irgendwann an Land gespült werden, an Herzland vielleicht.

Paul Celan

Kindern, so zeigt die Erfahrung, macht es Freude, die Bildsprache von Gedichten zu erleben und das musikalische Spiel von Klang, Rhythmus und Reim zu genießen. Im Kinderleben ist die lyrische Flaschenpost im Herzland angekommen.

Im Idealfall erleben Kinder täglich Lyrik. Dies setzt voraus, dass Erwachsene selbst Lust auf Lyrik haben und lebenslang ihren eigenen Zugang zu Gedichten pflegen.

Kinder wollen Gedichte aber auch, weil sie einfach schön sind, schöne Bilder und Stimmungen vermitteln, gut klingen und weil man sie in Besitz nehmen, also „haben" möchte. In unserer Zeit aber kommt die Pflege des Gedichts und des Reims oft zu kurz. Umso wichtiger ist es heute, Kindern einen lyrischen Bildungsweg zu ermöglichen, indem sie auch auf eigene Faust entdecken und aus einer Vielfalt auswählen können.

Lyrik hilft Kindern, der Sprache auf die Spur zu kommen und sich Theorien über die Sprache zu bilden, weil sie mit der Sprache spielend Einsichten in sprachliche Strukturen gewinnen. Insbesondere dann, wenn wir mit ihnen über das, was sie dabei empfinden und lernen, auch sprechen. Kinder sind stolz, wenn sie ein Gedicht rezitieren können, oder wenn sie wissen: Maus reimt sich auf Haus - ich habe das Prinzip des Reims erkannt und kann es selber anwenden.

Dieses Buch dient Ihrer Anregung und Motivation, mit Kindern die spielerischen Möglichkeiten der Poesie zu erleben. Denn Gedichte sind eine Chance, die Vorstellungswelt von Kindern zu erweitern und sprachliche Erlebnisse zu ermöglichen.

Sie finden Gedichte, die erfreuen, Gefühle und Empfindungen anregen, die die Musikalität der Sprache in den Vordergrund rücken, die der Kommunikation dienen und Gedanken vermitteln. Gedichte gehören zu unserem kulturellen Gedächtnis. Wenn wir wollen, gehören sie zu jedem Tag.

Wie der Alltag zum Gedicht wird, erfahren Sie im ersten Kapitel. Es fasst für Sie wichtige Qualitäten und Merkmale der Lyrik zusammen. Es zeigt, was die lautlich-rhythmische

Gestaltung ausmacht und welche Formen der Reim haben kann. Sie erfahren, wie Sie Gedichte vortragen und vorlesen können und was es zum Aus- und Innwendig-Können von Lyrik braucht, darüber hinaus finden Sie Tipps für eine lyrische Bibliothek.

Zeigen Sie Kindern, dass die ganze Welt im Gedicht zu finden ist. Lyrik ist ein vielschichtiges Gebilde, das einlädt, Gedichte hörend, sprechend, lesend und sich bewegend anzueignen. Dies zu ermöglichen ist das Anliegen des Hauptkapitels „Gedichte mit Kindern erleben". Hier finden Sie meine Auswahl von Gedichten, die Kinder für sich erobern können. Haben Sie dabei Mut, Kindern im positiven Wortsinn etwas zuzumuten. Denn nur wer ein Gefühl dafür entwickelt und ahnt, welche Möglichkeiten Lyrik eröffnet, wird mehr davon genießen wollen. Kinder brauchen auch in der Lyrik Luft nach oben, damit sie sich nach etwas strecken und dabei entwickeln können. Haben Sie keine Befürchtung, dass Gedichte Kinder überlasten. Wenn Kinder sich durch Texte gestört, unter- oder überfordert fühlen, zeigen sie dies oder hören einfach weg.

Die methodischen Anregungen veranschaulichen Ihnen, wie sich Gedichte sehen und hören lassen können und unterstützen Sie, Lyrik in Gemeinschaft mit den Kindern zu pflegen. Sie finden praktische Wege, Gedichte vielseitig und handelnd zu entdecken. Gedichte wollen gebraucht und erobert werden. Viele Kinder finden einen eigenen spielerischen Zugang zum Gedicht – wenn ihnen reichhaltig und zuverlässig „lyrisches Futter" angeboten wird.

Das Kapitel „Kreative Ideen rund um Gedichte" vermittelt Ihnen, wie Sie Materialien und Erfahrungsräume zur Verfügung stellen, in denen Kinder die Möglichkeiten zu entdeckendem Lernen haben. Zudem motiviert es, Lyrik selber zu schreiben und Gedichten in Projekten und bei Festen Raum zu geben.

Im Literaturverzeichnis finden Sie Medien, die Lyrik präsentieren. Es dient zudem dazu, Ihre Bibliothek angemessen mit Lyrik auszustatten, neue Gedichte zu suchen und kennenzulernen.

Danken möchte ich insbesondere allen, die sich seit vielen Jahren in meinen Seminaren und Fortbildungen mit Lyrik befassen und Kindern engagiert Literatur vermitteln.

Verankern Sie Lyrik im Alltag, mittendrin im Leben von Kindern und Erwachsenen.

Dabei wünsche ich Ihnen lyrisches Lese- und Findeglück und viel Freude, wenn Sie Kindern ermöglichen, sich mit Gedichten anzufreunden und diese handlichen Schätze mit ins Leben zu nehmen.

Sylvia Näger

Wie der Alltag zum Gedicht wird

Was haben denn Gedichte im Alltag zu suchen, diese altmodischen Sprach-Figuren mit Reifrock und Mieder respektive Frack und Zylinder? Eingezwängte Wortfolgen – statisch, verquer und mit verschlungenem Sinn? Und hinter der nächsten Ecke lauert gleich eine schauerliche Aufgabe: das Auswendiglernen. Lyrik gilt im Alltag vieler Erwachsener im 21. Jahrhundert noch immer als durchaus verzichtbares sprachliches Relikt. Auf der anderen Seite mögen einige von Ihnen vielleicht Hip-Hop-Songs und Rap, kunstvoll gereimte Sprechmelodien ... Wieso und wie aber kann der Kita-Alltag zum Gedicht werden?

Gedichte als Lebensmittel

Kinder, die mit Gedichten in Berührung kommen, nehmen diese Sprachform ganz anders wahr als Erwachsene, weder antiquiert noch revolutionär. Sie spüren in ihr den Ursprung von Sprache. Sie tauchen ein in Klang und Rhythmus der Sprache, lange bevor sie den Sinn verstehen. Sie genießen das Sprechen und Hören auch jenseits des Sinns und erleben eine Möglichkeitsform der Sprache, die wir Erwachsenen manchmal gar nicht (mehr) wahrnehmen.

Von klein auf nehmen Kinder gern ein Bad im rhythmischen Sprechen und Hören und genießen den „Sound" der Worte. Mit großer Freude entwickeln sie schnell ein feines Gespür für das Bewegende in der Sprache – und lassen sich im Laufe ihrer Entwicklung von klangvollen bis hin zu sinnreichen Erlebnissen tragen.

Aber was ist eigentlich ein Gedicht? Diese Frage stellt sich der kleine Artur, denn sein Goldfisch braucht ein Gedicht, sonst stirbt er vor Langeweile. Er befragt seine Umgebung und erhält vielfältige und wunderbare Antworten, darunter eine besonders bewegende: „Ein Gedicht? Da müssen die Flügel der Wörter zittern!" (Siméon 2009). Was die „zitternden Flügel der Wörter" vermitteln, das macht lachen, manchmal auch traurig, es macht nachdenklich und manchmal weinen.

Kinder lassen sich von Gedichten und Versen tief berühren. Heilsame Berührungen sind im Alltag von Kindern lebensnotwendig. Daher sind Gedichte Lebensmittel für Kinder, denn in ihnen wird Sprache lebendig. Und zwar nicht nur im Hören: Wenn der Alltag zum Gedicht werden soll, dann kann das in unendlich vielen Formen geschehen. Gedichte können bewegen, wenn sie bewegt erlebt werden! Und genau dazu fordern die hier vorgestellten Gedichte heraus: Es wird unterhalten, erklärt und belehrt, gesungen, schnell gesprochen, ausgezählt, bewegt, gemalt, geraten und getanzt. Sie finden Einladungen zum schöpferischen Umgang mit Klang und Rhythmus, zum schöpferischen und kreativen Umgang mit Sprache und Sprechen und natürlich zum Weiter- und Selberdichten.

Melodie, Klang und Rhythmus erobern

Gedichte sind aus Worten gemacht, und in ihrer sprachlichen Verdichtung eröffnen sie Kindern ganz besondere Erfahrungsräume für Gefühle, aber auch für lustvolle Erfahrungen mit Sprache und Sprechen. Kinder sind für Melodie, Klang und Rhythmus der Sprache sehr empfänglich.

In unserer Sprache entsteht der Sprechrhythmus aus langen und kurzen Vokalen, aus betonten und unbetonten Silben. Melodie, Rhythmus und Akzentuierung sind die Klangmerkmale der deutschen Sprache, und gerade in Gedichten werden sie besonders deutlich hörbar – oder im Selbersprechen erlebbar.

Erwachsene haben beim Thema Lyrik meist emotional gefärbte Erinnerungen, die manchmal positiv sind, oft aber skeptisch und mitunter sogar ablehnend. Größtenteils sind diese Erinnerungen eigene Erfahrungen aus der literarischen Sozialisation, und die schulischen Erlebnisse mit Gedichten spielen häufig eine nicht unerhebliche Rolle. Gedichte werden mit Auswendiglernen, Analysieren und Vortragenmüssen verbunden. Für Kinder hingegen ist Lyrik von Beginn an alltagsrelevant: Sie begegnen dieser besonderen Sprachstruktur – und vor allem den Klangmerkmalen der Sprache – in Liedern, Neckversen, Abzählreimen, in Kniereiter-, Trost- und Krabbelversen schon im Säuglingsalter – und zwar mit Begeisterung.

Vermutlich müssen Sie daher in Ihrer Kita nicht die Kinder für Gedichte begeistern, sondern selbst die Begeisterung für Gedichte neu entdecken, den „Tanz der Worte", die „Musik der Verse" (Thalmayr 2004, S. 22f.), die so viel Spaß und Freude machen. Bevor Sie in die Welt der Gedichte eintauchen, erforschen Sie doch zunächst einmal den „Sound" der Sprache, die Klangmerkmale, und proben Sie das laute Sprechen. Denn Gedichte (nicht nur für Kinder) sind in erster Linie zum mündlichen Vortrag gedacht, sie sind klangsprachlich.

● Kleines Sprechtraining

Rhythmisch sprechen

Silben erzeugen den Klang des Wortes, indem sie die Taktstruktur vorgeben. Sie werden betont oder unbetont gesprochen.

Erproben Sie das, indem sie „To-ma-ten-sa-lat" auf die erste Silbe betont sprechen und dann jeweils die nächste Silbe betonen.

Dabei lernen Sie die gängigen Versfüße* der Lyrik spielerisch kennen:

Auf eine (kurze) unbetonte Silbe folgt eine (lange) betonte = Jambus
Her-béi Hin-éin – Ge-náu

Auf eine (lange) betonte Silbe folgt eine (kurze) unbetonte = Trochäus
Áu-to, Há-se, Rá-sen

Auf eine (lange) betonte folgen zwei (kurze) unbetonte Silben = Daktylus
Éi-sen-bahn, Án-na-nas, Rét-tungs-ring

Auf zwei (kurze) unbetonte folgt eine (lange) betonte = Anapäst
E-le-fánt, Schie-ser-éi, He-xer-éi

* Die kleinste rhythmische Einheit in der Lyrik ist der Versfuß. Der Jambus ist also ein zweisilbiger Versfuß, der aus einer kurzen unbetonten und einer langen betonten Silbe besteht.

Klangvoll sprechen

Vokale sind klangvoll, sie sind die Seele des Wortes. Bringen Sie diese zum Klingen. Sprechen Sie „Drei Chinesen mit dem Kontrabass" und ersetzen Sie jeweils die Vokale (mit a, e, i, o u).

Mit Ausdruck sprechen

Sprechen Sie den Vers von den drei Chinesen als Roboter oder als Opernsängerin, sprechen Sie es auf Zitrone (spitz, sauer) oder auf Sahne (cremig, fließend).

Deutlich sprechen

Lassen Sie Anlaut und Endlaut deutlich hörbar werden, das gibt Wörtern Kontur. Wie das? Der griechische Redner Demosthenes hatte ein gutes Rezept: Er übte seine Reden mit einem Stein im Mund – probieren Sie es mit einem Korken zwischen den Zähnen. Sprechen sie wiederholt Verse wie „Zwanzig Zwerge machen einen Handstand zehn im Wandschrank und zehn am Sandstrand."

Mal laut, mal leise sprechen

Setzen Sie sich auf den Boden und flüstern Sie das Wort „Strumpf" vor sich hin. Werden Sie langsam aber stetig lauter. Erheben Sie sich dabei, zuerst auf die Knie, dann auf die Füße, bis Sie mit ausgestreckten Armen auf den Zehenspitzen stehen. Dann werden Sie parallel zu ihren Bewegungen wieder leiser.

Mal traurig, mal froh sprechen

Drücken sie unterschiedliche Stimmungen aus, indem Sie ihren Tonfall und das Sprechtempo verändern. Sprechen Sie Zungenbrecher wie beispielsweise „Fischers Fritz fischt frische Fische" ärgerlich, fragend, befehlend, schläfrig, beleidigt …

Natürlich können Sie all diese kleinen Sprechübungen auch gemeinsam mit den Kindern machen!

Nicht schlecht, Herr Specht, das ist gut gereimt!

Die für dieses Buch ausgewählten Gedichte sind nicht unbedingt Gedichte, die speziell für Kinder geschrieben sind. Aber es sind Gedichte, die für Kinder geeignet sind. Gute Lyrik gibt jedem Raum für Gefühle und Gedanken, das hängt nicht damit zusammen, für wen sie geschrieben ist. Immer wieder ist festzustellen, dass Kinder, wenn man sie nur lässt, Gedichte, die zunächst nicht als Kindergedichte firmieren, für sich verwenden, weil sie diese erspüren, sich an der Besonderheit von Sprachbildern erfreuen und die Schönheit der lyrischen Sprache wahrnehmen.

Deshalb brauchen Sie weniger spezielle Gedichte für Kinder, sondern ein sorgfältig ausgewähltes, breit gefächertes Angebot, das den Kindern Räume für eigene Entdeckungen eröffnet.

„... und alles was sich reimt ist gut!"... behauptet Pumuckl. „Was braucht's für ein Gedicht? / Ein Wort, das reimt, mehr nicht. / Der Reim ist das, was leimt. / So gibt sich Schicht um Schicht. / Als Schlusswort wäre Specht nicht schlecht. / Viel schöner ist Habicht." So reimt Jörg Schubiger und betitelt sein lyrisches Produkt mit „Rezept" (Schubiger 2010, S. 40).

Kinder lieben den Endreim, er sorgt für einen ähnlichen oder gleichen Klang der Laute. Und weil er so schön klingt gibt es für ihn unterschiedliche Reimschemata:

Das Reimschema beschreibt die Anordnung von Reimen in einer Strophe

Paarreim	aabb	Haus Maus stehen gehen
Kreuzreim	abab	verzogen gelesen gelogen gewesen
Haufenreim	aaaa	Mist List frisst trist
Umarmender Reim	abba	Anne Sonne Tonne Kanne
Schweifreim	aabccb	klingen singen lachen Spitz Fritz wachen

Endreime dominieren in Gedichten für Kinder und werden von Kindern geliebt und gebraucht. Im Gegensatz zu dem uns allen geläufigen Endreim – Hänschen klein/ging allein – gleichen sich beim viel älteren Stabreim die Anfangslaute der betonten Silben:

Ma-ma, Wau-Wau, die ersten Worte von Kindern sind meist Silbendoppelungen. Kuckuck oder Hopp-Hopp zeigen, dass der Klang des Stabreims auch in den elementaren Gedichten für Kinder sehr zu Hause ist.

Die Kunst des Dichtens besteht nicht darin, für einen Gedanken einen Reim zu finden, meint Robert Gernhardt, der uns viel leselustige und tiefsinnige Lyrik moderner Art hinterlassen hat, sondern „Sätze, Worte und Reimwörter so zu reihen, dass sie Gedanken oder Empfindungen suggerieren, im Glücksfall sogar produzieren" (Gernhardt 1995, S. 76). In der modernen Lyrik finden wir immer mehr Gedichte, die nicht den Reimvers, sondern den freien Vers pflegen. Der freie Vers hat viel Reiz, da er keine künstlich beengte Form ist, sondern ermöglicht, Lyrik sehr kreativ zu gestalten. In den Farbgedichten (s. S. 78 f.) und im Gedicht „November" von Elisabeth Borchers (s. S. 56 f.) finden wir den freien Vers.

Sobald Kinder aber den Gleichklang des Reimes entdeckt haben, lieben Sie Reim-Memory oder auch spielerische Aufforderungen, Reime zu ergänzen:

Du bist da und ich bin hier

Du bist da und ich bin hier.
Du bist Pflanze, ich bin …
Du bist Riese, ich bin Zwerg.
Du bist Tal, ich bin …
Du bist leicht und ich bin schwer.
Du bist voll, und ich bin …
Du bist heiß, und ich bin kalt.
Du bist jung, und ich bin …
Du bist sie, und ich bin er.
Du bist Land, und ich bin …
Du bist dunkel, ich bin hell.
Du bist langsam, ich bin …
Du bist schmal, und ich bin breit.
Du bist Anzug, und ich bin …
…
…
…
Du bist einsam, ich allein
Komm, wir wollen Freunde sein.

© Frantz Wittkamp

Etwa ab dem dritten Lebensjahr, wenn Kinder zunehmend nach Unabhängigkeit streben, zeigt sich bei Kindern eine sprachlich neue Phase, in der sie Sprache mit Kreativität bündeln. Nicht nur, dass sie selbst Endreime erfinden, sie reimen jetzt gerne spielerisch zersetzender. Aus anfänglich gerne verwendeten Silbendoppelungen im Stabreimmuster wird Despektierliches. Früher hieß es „ham-ham", mit Fünf wird aus dem Griesbrei der Schießbrei, Fiesbrei, Miesbrei. Eltern und Pädagoginnen könnten seitenweise über diesen kreativen Umgang der Kinder mit der Sprache schreiben ...

Das wiedergefundene Interesse am Reim Im Zusammenhang mit Sprachstanderhebungen und der sprachlichen Förderung ist die *phonologische Bewusstheit* ins Blickfeld gerückt. Zusammengefasst beschreibt dieser Begriff die Fähigkeit, die Aufmerksamkeit unabhängig vom Bedeutungsgehalt der Sprache auf die formalen lautlichen Strukturen der Sprache richten zu können. Dazu benötigen Kinder die Kompetenz, Worte, Silben und Laute erkennen und unterscheiden zu können. Innerhalb der phonologischen Bewusstheit ist auch der Reim positioniert: er gehört zu den phonologischen Fähigkeiten im weiteren Sinn. Wenn ein Kind die Struktur des Reims erkennen und anwenden kann – beispielsweise in Spielen, die zur Reimergänzung auffordern –, gilt dies als Zeichen dafür, dass das Kind grundlegende lautliche Sprachprinzipien erfasst hat, die im späteren Schriftspracherwerb hilfreich sind.

Anzumerken ist, dass die phonologische Bewusstheit häufig überbewertet wird. Umfassende Literacyerfahrungen, die Kenntnis literarischer Strukturen und der erzählenden Sprache sowie die Einsicht in die Funktionen von Schrift sind im Schriftspracherwerb ebenso hilfreich und notwendig. Hier gilt es, Ressourcen einzubringen und Eltern zu ermutigen, Gedichte, Geschichten und Bilderbücher als freudiges Erlebnis mit sprachlich-literalem Bildungspotential zu nutzen.

Kinder wollen Klangfarben erleben, sie wollen Vokale und Konsonanten spüren, und deshalb brauchen sie den Reim nicht als Phonologie-Programm, sondern besser täglich als „Lebensmittel" in einer umfassenden Literacy- und Sprachbildung.

Mit Kindern Gedichte er-leben

Mit Kindern Gedichte lesen, hören, anschauen und mit allen Sinnen erfahren – als Teil des Alltags erfahren – heißt auch, Gedichte nicht nur „wegen" der Sprachförderung zum Einsatz zu bringen oder im Kontext von Literacybildung. Natürlich sind Erfahrungen mit Gedichten für Kinder förderlich. In erster Linie aber geht es darum, Gedichte gemeinsam mit den Kindern voller Freude zu entdecken und zu erleben und so mit viel Spaß gemeinsam einen Bestandteil unserer Lese- und Sprachkultur zu erobern.

Gedichte vorlesen

Sie müssen die Gedichte, die Sie den Kindern nahebringen wollen, nicht auswendig können. Gedichte sind auch zum Vorlesen geeignet. James Krüss hatte konkrete Vorstellungen für das Vorlesen seiner Gedichte. Die schriftliche Fassung seiner Gedichte sei „eine Partitur gleichsam, deren Melodien und Harmonien erst der Vorleser herauslockt" (1989, S. 254). Das gilt für alle Gedichte – wobei ein Wissen um expressives Sprechen vorausgesetzt wird, das ich am Anfang des Kapitels erläutert habe – das Wissen um die Klang- und Reimstruktur der Sprache.

Gedichte bringen in wenigen Worten viel auf den Punkt. Wenn Sie Gedichte vorlesen, haben Sie es (meist) mit einer überschaubaren Textmenge zu tun. Eine akzentuierte und kontrastreiche sprachliche Gestaltung lässt Gedichte lebendig werden. Vorlesen ist ein Zusammenspiel zwischen Leser, Hörer und Text. Und Die Stimme ist das Kostüm der Vorleserin – egal ob es sich bei dem, was es zu kostümieren gilt, um das lyrische Ich oder einen zotteligen Bären handelt.

Vorlesen und Vortragen braucht Lebendigkeit, das lockt Kinder tief ins Geschehen und fördert ihre inneren Bilder und Fantasien.

- Lesen Sie das Gedicht, das Sie vermitteln wollen, erst einmal selbst.
- Erarbeiten Sie sich das Gedicht, lesen Sie es mehrmals intensiv, damit Sie mit Text, Sprache und Inhalt vertraut sind und sicher Betonungen setzen können. Tragen Sie Betonungs- und Pausenzeichen als eine Art von Regieanweisungen ein.
- Nutzen Sie Ihre sprachlichen und körperlichen Ausdrucksmittel, um den Text wirkungsvoll vorzutragen:

- Lassen Sie Satzzeichen hörbar werden: intonieren Sie Frage- und Ausrufezeichen.
- Sprechen Sie deutlich und klar. Lesen Sie nicht zu schnell vor.
- Vermitteln Sie Stimmungen und Gefühle durch entsprechende Intonation.
- Variieren Sie Tempo und Lautstärke der Stimme: schnell bis langsam, laut bis leise.
- Setzen Sie Pausen, um die Spannung und Aufmerksamkeit der zuhörenden Kinder zu erhöhen.
- Setzen Sie Gestik und Mimik ein.
- Nehmen Sie immer wieder Blickkontakt mit den Kindern auf.
- Erhalten Sie die Sprache des Gedichts.

Gedichte vortragen

Kinder werden mit einem Gedicht vertraut, wenn sie es im Sprechen eines anderen (Erwachsenen oder Kindes) erleben. Dabei geht es nicht um die „perfekte" Wiedergabe eines Gedichts, sondern darum, das Gedicht in Besitz zu nehmen.
- Vortragen geschieht immer freiwillig.
- Der Vortragende muss einen Bezug zum Text haben.
- Vortragen heißt, dass der Sprecher für die Hörer spricht und den Text sprachlich entsprechend gestaltet (siehe oben).

Gelernte Texte sind Besitz. Damit dieser wertvoll bleibt, braucht es Gelegenheiten, den Text wieder aktivieren zu können. Lyrische Texte bleiben erhalten, wenn sie immer wieder vorgetragen werden. Es gibt Situationen, in denen Kinder sich freuen, ein Gedicht auswendig zu können und es mündlich an andere zu verschenken. Und es gibt nicht wenige Kinder, die es genießen und die mit Stolz erfüllt sind, wenn es beeindruckt, dass sie einen Text frei vortragen können.

Deshalb gilt es, Kinder mit alltagstauglichen Methoden für das Sprechen von Lyrik zu gewinnen und zu begeistern. Kinder lernen in diesem Fall sehr stark am Modell.

Sie sollten deshalb in der Lage sein, kurze Gedichte auswendig vorzutragen. Dies schließt nicht aus, dass Sie lyrische Texte vorlesen. Beide Methoden sind gleich wichtig, und Kinder fordern nicht, dass Erwachsene ausschließlich auswendig sprechen.

Drei Tipps zum Auswendiglernen von Texten

- Schreiben Sie aus jeder Zeile ein Schlüsselwort auf. Das kann beispielsweise auch das Reimwort sein. Versuchen Sie anhand dieser Schlüsselwörter das Gedicht aufzusagen.
- Nehmen Sie ein Blatt Papier und decken Sie damit einen Teil des Textes ab. Dann versuchen Sie den Text mithilfe der sichtbaren Wörter zu rekapitulieren.
- Teilen Sie das Gedicht in Strophen auf und schreiben Sie diese jeweils auf ein Kärtchen oder einen Haftnotiz-Zettel. Die Strophen positionieren sie an Orten, an denen Sie täglich sind, beispielsweise in der Küche über dem Spültisch oder im Badezimmer am Spiegel. So haben Sie die Gedichtstrophen täglich vor Augen und können sie sich einprägen. Schillers Ballade „Der Handschuh" zieht sich auf diese Weise vielleicht durch die ganze Wohnung. Aber Gedichte sind ja Lebensbegleiter …

Gedichte „pflegen"

Damit ein Gedicht zu einem verinnerlichten Schatz werden kann, gehört das Gespräch über das Gedicht dazu. Gedichte bedürfen der Kommunikation zwischen Erwachsenem und Kind und der Kinder untereinander. Im Gesprächs- und Gedankenaustausch, im Dialog, wird es möglich, dem Gedicht und dem, was es mit den Nutzern macht, auf die Spur zu kommen, der Lyrik nachzufühlen und nachzusinnen. Das kann durchaus stimmungsabhängig sein: Manchmal heißt das, eine Seite umzublättern, weil dies Gedicht heute nicht gefällt – aber am nächsten Tag sieht es vielleicht wieder ganz anders aus. Und manchmal können im Gespräch aus lyrischen Stolpersteinen auch lyrische Wegbegleiter werden!

Mit Kindern im Gespräch Gedichte erobern und sie in Besitz nehmen heißt
- auf den Klang der Sprache horchen,
- offen sein für neue, verrückte (Sprach-)bilder und Ideen,
- Neues nicht werten, den Gedanken nachspüren (nicht nur „vernünftig" denken),
- sich an schönen Worten freuen,
- über Wortschöpfungen staunen, die man bislang noch nicht kannte,
- sich an schönen Sätzen erfreuen,
- über Formulierungen lachen,
- der Bedeutung eines einzelnen Wortes Raum lassen.

Ein Gedicht öffnet den Raum für Fragen, so kann man zum Beispiel darüber sprechen

- woran man beim Hören gedacht hat, welche Bilder entstanden sind,
- ob das Gedicht traurig, übermütig oder komisch ist oder ob es vielleicht nachdenklich macht,
- ob man selbst schon einmal erlebt hat, was da im Gedicht beschrieben wird,
- welche Gedanken einem beim Hören in den Sinn gekommen sind,
- ob und wenn ja welche Bilder zu einzelnen Worten und Sätzen entstanden sind,
- ...

Wie Kinder Gedichte verstehen

In einer Studie wurden 160 Drei- bis Sechsjährige aufgefordert, sich zu dem Gedicht „Die Wünschelrute" von Joseph von Eichendorff zu äußern.

Die Wünschelrute

Schläft ein Lied in allen Dingen,
Die da träumen fort und fort;
Und die Welt hebt an zu singen,
Triffst du nur das Zauberwort.

Josef von Eichendorff

Ein Vierjähriger stellt fest: „Klingt alt und schön." Auch die formalen Strukturen von Reim und Rhythmus werden erkannt: „Das reimt sich ja", stellt ein Sechsjähriger fest, „Klingt wie ein Kinderlied", meint ein Dreijähriger (Knopf 2009, S. 195). „Das Problem ist, dass ich das Zauberwort nicht weiß! (...) Der in der Geschichte sagt das nicht!" (ebd. S. 193), erschließt sich ein Sechsjähriger den Sinn des Gedichts. Deutlich zeigen die Ergebnisse dieser Studie, dass Kinder bis sechs Jahren eine sehr positive Einstellung zur Lyrik haben, motivierte Dialoge zum Inhalt führen und offen sind für formale und sprachliche Besonderheiten. Das fordert auf und bestärkt darin, Lyrik mit Kindern zu erleben.

Gedichte mit allen Sinnen

Hörend – und handelnd nehmen Kinder Gedichte in Besitz. Zunächst begegnen die Kinder dem Gedicht in der Mündlichkeit, doch um es zu verinnerlichen, sich den Wortlaut nach und nach einzuprägen, wollen Kinder ihre inneren Bilder, Gedanken und Fantasien mit ihren Mitteln zum Ausdruck bringen – in allen Künsten, sinnlich und gestaltend:

Mit akustischen Mitteln:
- Das Gedicht vortragen, vorlesen, immer wieder vorlesen (auch von Speichermedien anhören wie CD, MP3 etc.).
- Das Gedicht bewegungsbetont – mit Gesten/Mimik, Pantomime – vortragen.
- Das Gedicht vortragen und Textteile singen.
- Das Gedicht auf ein großformatiges Papier abschreiben, aufhängen und „vom Blatt lesen".
- Zusammen mit den Kindern im Kreis sitzen und das Gedicht seiner Stimmung entsprechend (vielleicht leise, geheimnisvoll) noch einmal sprechen.
- Die Kinder einladen und ermuntern, beim Vortrag mitzusprechen.
- Teile des Gedichts gemeinsam chorisch sprechen.
- Das Gedicht mit verteilten Rollen sprechen.
- Das Gedicht vortragen und akustisch ergänzen mit Instrumenten und/oder Percussion/Geräuschen (körpereigene oder mit Material).

Mit visuellen Mitteln:
- Das Gedicht szenisch lesen: eine oder mehrere Personen stehen vor den Zuhörenden und tragen das Gedicht unterstützt mit Mimik, Gestik, Bewegung und interagierend vor.
- Das Gedicht wird von einem Sprecher vorgetragen und eine oder mehrere Personen spielen parallel dazu die Szenen .
- Es spricht die: Handpuppe, Stabpuppe, Marionette, Schattenfigur …
- Material spricht: z. B. ein Taschentuch, Haarsieb, Topfkratzer, eine Kartoffel …
- Bilder ergänzen den akustischen Vortrag: gebeamte Bilder, Dia, Bilderbuch, selbst gezeichnete Bilder.
- Das Gedicht wird präsentiert im Kamishibai (japanisches Erzähltheater, die Handlung wird durch Bildtafeln in einem bühnenähnlichen Rahmen dargestellt).
- Das Gedicht wird in Schriftform präsentiert: an der Wand, auf einem Blatt, auf dem Plakat, auf einem Stein, auf einer Laterne, im Einmachglas, auf der Fensterscheibe, auf dem Spiegel, auf einer Wandkachel …

Lyrische Orte – Orte für Lyrik in der Kita

Die lyrische Bibliothek

Das lyrische Wissen und Können, das in Kita oder Schule gelebt wird, ist einerseits mündlich, andererseits braucht es die Schrift. Der Lyrik muss Bedeutung beigemessen werden, und dies zeigt sich in der Bibliothek: Sie sollte einen umfangreichen „Lyrikschatz" enthalten, der auf die Bedürfnisse von Kindern zugeschnitten ist.

- *Lyrik im Bilderbuch* gehört zum Bestand jeder Kita- und Schulbibliothek. Meist erzählen die Bilderbücher ein einziges Gedicht. Das lyrische Angebot reicht von Klassikern wie James Krüss' rhythmischem Wunderwerk „Henriette Bimmelbahn" bis zu hin zu Schillers furios illustrierter Ballade „Der Handschuh". Elementare Bilderbücher wie „ABC, die Katze läuft im Schnee" bieten Lyrik für die Zwei- und Dreijährigen (mehr Anregungen auf S. 90 f.).

- *Lyrikanthologien*, schön ausgestattet mit Leinenrücken und Lesebändchen, mit qualitätsvollen Illustrationen gestaltet sind ein Augenschmaus für Kinder. Bevor die Kinder lesen können, lesen sie in Bildern, daher sollten Sie besonderes Augenmerk auf die illustrative Gestaltung haben. Kinder lernen mit diesen Sammelbänden ein zusätzliches Genre von Büchern kennen. Das führt sie an deren Nutzung heran und erweitert ihr Wissen über Bücher. Es entspricht dem Grundprinzip der Bibliothek, dass sie einen Möglichkeitsraum eröffnet, eine Landschaft aus Wissen, in der nicht nur die Wege, sondern auch die Ausblicke zählen (Anregungen auf S. 91 f.).

- *Lyrik auf (digitalen) Tonträgern* darf ebenfalls in der Bibliothek nicht fehlen. Bringt ein auditives Medium vergnügliche und anregende lyrische Texte zu Gehör, eignet es sich ebenso zum Erhören und Memorieren eines Gedichts wie das Vorlesen oder der freie Vortrag. Das mehrfache Hören des Mediums und vor allem die Anschlusskommunikation über das Gehörte sind wichtige Voraussetzungen, damit das sprachlich bildende Potential der Tonträger zur Entfaltung kommt.
  Wenn Sie Tonträger zur Vermittlung von Lyrik einsetzen wollen, sollten Sie sich vorher mit Inhalt, Form und Qualität auseinandersetzen. So sind die Perlen zu finden, die mit ihren literarischen und künstlerischen Ansprüchen die Faszination der Sprache deutlich spürbar und lyrische Erlebnisse hörbar werden lassen (Anregungen auf S. 93).

Lyrikordner

- Strukturiert und geordnet muss die Lyrik in verschriftlichter Form sein, die Sie selbst in der Praxis nutzen. Digitale Dateien wollen gut verwaltet sein, und das Gedruckte und Handgeschriebene liebt immer noch den klassischen Ordner.
- Auch Kinder brauchen ihren *Lyrikordner*, einen Ordner, der ihnen zum persönlichen Gebrauch zur Verfügung steht und in dem sie all das finden, was sie schätzen und lieben und auch in verschriftlichter Form brauchen. Hier finden sie Kopien mit Bildgedichten wie „Die Trichter" (s. S. 37) oder Morgensterns „Fisches Nachtgesang" (s. S. 38) – zum Aus- und Weitermalen. Im Lückengedicht von Paul Maar „Ein Löwe und viele Tiger" (s. S. 66) wird leidenschaftlich eingezeichnet, reingeschrieben und dann „auswendig vorgelesen". Die Beschäftigung mit dem eigenen Lyrikordner sollte in der individuellen, freien Entscheidung des einzelnen Kindes stehen, „gemeinsame" Aktivitäten nach dem Motto „Und heute für alle das Arbeitsblatt mit dem Gedicht soundso" sind kontraproduktiv und können die Freude am Gedicht vermiesen.
  Wenn sich Kinder mit Stift und Papier hantierend erleben, erfahren sie in ihren lyrischen Unternehmungen die Funktion von Schrift und machen sich ein Bild davon, was Schreiben ist und bedeutet. Nicht selten mündet das in die Bitte: „Ich habe mir ein Gedicht ausgedacht. Schreib mir das bitte auf." Solche Gedichtdiktate oder das Diktieren von neu entdeckten Reimen und frisch gefundenen Zauberwörtern sind wunderbare Augenblicke, in denen Kinder uns zeigen, dass sie auf dem Weg sind in die Welt von Sprache und Schrift.
- Eine bebilderte *Gedichtekartei* ist ein bei Kindern sehr beliebtes Medium. Jedes Gedicht hat seine eigene Textkarte. Jeder Strophe sind kleine Symbole zugeordnet, die den Kindern helfen, sich an Textteile zu erinnern und Inhalte abzurufen.
- Kinder sollen sich mit ihren lyrischen Vorlieben auch in ihrem *Portfolio* wiederfinden. Was ihnen an welchem Gedicht gefällt, welche Gedichte ihre Lieblingsgedichte sind, welchen verzwickten Zungenbrecher sie jetzt bestens sprechen können, welches Bilderbuch sie schätzen – all das sind Meilensteine ihrer sprachlichen Bildung, die es zu würdigen gilt und die dokumentiert werden sollten.

Zusammenarbeit mit den Eltern
Eltern werden in ihrer Literacy- und Sprachbildungsarbeit unterstützt, wenn sie Gedichte und andere Texte, die ihre Kinder lieben, auch zu Hause sprechen und vorlesen können. Sorgfältig aufbereitete Gedichte, die foliert als Tischset dienen, oder Gedichte auf Transparentfolie, die ins Fenster gehängt den Blick auf sich ziehen, Vierzeiler als Taschenlyrik (s. S. 74 f.) ... Interessante Präsentationsformen schaffen Aufmerksamkeit für Lyrik – auch bei den Eltern.

Gedichte mit Kindern erleben

Lyrik regt zum Sprechen, Fühlen und Denken an – insbesondere, wenn sie erlebt wird. Kinder lieben es, Gedichte in Gemeinschaft zu erspielen, aktiv mit ihnen umzugehen. Im Alltag braucht es Erlebnisse, die dafür sorgen, dass Kinder Gedichte sinnlich erkunden und erobern können.
Hier finden Sie eine Auswahl von lyrischen Texten und vielfältige Anregungen, die Lust auf gemeinsame lyrische Entdeckungen machen.

Wundersames und Schnurriges

Gedichte sind Zauberformeln. Also allerbeste Mittel dafür, alles herzuzaubern was nötig ist, um unterhalten, getröstet und angeregt zu werden. Wundersames gibt es immer wieder, sagt das Gedicht und zaubert, was das Herz begehrt. Auch das Schnurrige wirbelt im Gedicht. Es zaubert das Unbeschwerte, belustigt und sorgt für das Komische, für den Humor, den Kinder brauchen und über alles lieben.

Die zwei Wurzeln

Zwei Tannenwurzeln groß und alt
unterhalten sich im Wald.

Was droben in den Wipfeln rauscht,
das wird hier unten ausgetauscht.

Ein altes Eichhorn sitzt dabei
und strickt wohl Strümpfe für die zwei.

Die eine sagt: knig. Die andre sagt: knag.
Das ist genug für einen Tag.

Christian Morgenstern

„Die zwei Wurzeln" entstamt einer Textsammlung, der Morgenstern den Titel „Galgenlieder" gab. In den Gedichten trifft sich eine illustre Gesellschaft, darunter ein Knie, ein Seufzer und ein Mondschaf, aber auch ein Purzelbaum und ein Igel samt Agel sind dabei.

Das Gedicht erleben:

- Sprachlich und gedanklich raffiniert bringen die zwei Wurzeln das Kino im Kopf auf Trab. Damit sind sie für ein kleines Theater geeignet. Das Gedicht führt hier so bildhaft die Regie, dass Kinder das Gedicht oft im Rollenspiel spontan selbst inszenieren. Die Wurzeln können sich die Kinder einfach mit Schminkstiften ins Gesicht malen.
- Die letzte Strophe lässt sich beliebig umdichten. Die eine sagt: o.k! / Die andere sagt: ach Leute. / Das ist genug für heute. Die eine sagt: es ist kalt / Die andere sagt: kann gar nicht sein. / Und morgen fällt ihnen was anderes ein.

Altersgruppe
Kinder ab 3 Jahren
Materialien
- Schminkstifte

Im Park

Ein ganz kleines Reh stand am ganz kleinen Baum
Still und verklärt wie im Traum.
Das war des Nachts elf Uhr zwei.
Und dann kam ich um vier
Morgens wieder vorbei,
Und da träumte noch immer das Tier.
Nun schlich ich mich leise – ich atmete kaum –
Gegen den Wind an den Baum,
Und gab dem Reh einen ganz kleinen Stips.
Und da war es aus Gips.

Joachim Ringelnatz

Joachim Ringelnatz hat seine federleichten, teilweise auch kauzigen Verse nicht nur geschrieben, sondern auch auf Kabarettbühnen selbst vorgetragen. Er dichtete humorvoll, aber auch melancholisch, und er war, wie Kinder, einer, der immer wieder Wörter neu schöpfte. Beispielsweise das heute noch verwendete Wort „Halbstarke" oder die „Zurzeit-Melodie", die leider nicht überlebt hat ...

Altersgruppe
Kinder ab 3 Jahren

Das Gedicht erleben:

* Diese augenzwinkernde Begebenheit, die davon lebt, dass es jedem schon einmal passiert ist, dass er etwas für echt hält, was sich dann nur als perfekte Nachbildung zeigt, reizt zum Nachspielen: Ein Fünf-Personenstück mit Reh, Baum und lyrischem Ich, zwei Uhren – und schon lebt der lyrische Spaß im Spiel. Woher kam der Mann? Oder war es eine Frau, die sich da getäuscht hat? Wohin wollte er oder sie? Weswegen wollte er oder sie das träumende Tier nicht aufwecken? Ein ganz kleines Reh, ein ganz kleiner Baum – wie erklären wir uns das, dass die so klein waren? Ein Stips ist ein Stups – oder?

* Die Zeilen des Gedichts werden auf 10 Kinder aufgeteilt. Diese stehen in einer Reihe, oder sitzen im Kreis, und ein Kind nach dem anderen spricht eine Zeile des Gedichts. So erlebt das Gedicht durch die zehn Kinderstimmen wunderbare prosodische Wechsel.

Der Schnupfen

Ein Schnupfen hockt auf der Terrasse,
auf dass er sich ein Opfer fasse

– und stürzt alsbald mit großem Grimm
auf einen Menschen namens Schrimm.

Paul Schrimm erwidert prompt: „Pitschü!"
und hat ihn drauf bis Montag früh.

Christian Morgenstern

Das Gedicht erleben:

- Da keiner den Schnupfen jemals kennengelernt hat, kann hier die Bildfantasie der Kinder genauso schweifen wie bei Herrn Schrimm: Hat der Schnupfen auch eine Nase? Was hat der Herr Schrimm an? Ohrenschützer oder einen Hut, eine Pudelmütze? Und dann entstehen sicher wilde Bild- und Spielinterpretationen dieser Szene.
- „Der Schnupfen" kann aber auch die Erfahrung vermitteln, dass Sprechen ebenso musikalisch sein kann wie Musik. Dazu werden Klangcharakter, Tonfall und Rhythmus des Gedichts erkundet und entsprechend umgesetzt:
  - Alle sprechen das Gedicht und verdeutlichen dabei das Versmaß (vierfüßiger Jambus im Paarreim aabbcc) mit begleitenden Körperbewegungen, z. B. beide Arme wie einen Scheibenwischer bewegen.
  - Das „Pitschü" wird der lautmalerische dynamische Höhepunkt des gemeinsamen Vortrags. Auffällig sind die vier Sch-Laute, die es zu inszenieren gilt. Die erste Strophe wird eher wiegend, die zweite beschleunigt zupackend, die dritte berichterstattend gesprochen. Anschließend rezitieren alle das Gedicht deutlich und ausdrucksvoll, parallel begleitet durch eine Silben-Klang-Zuordnung mit einem Schlaginstrument (ein Anschlag auf jede Silbe).

Die Sprachgestaltung und Vertonung von Morgensterns Schnupfengedicht können Sie natürlich mit eigenen Ideen fortsetzen.

Altersgruppe
Kinder ab 4 Jahren
Materialien
- Stofftaschentuch
- 2 Wäscheklammern
- Schlaginstrumente

Bestens macht sich dieses Gedicht – das Thema legt es nahe – schriftlich festgehalten auf einem Stofftaschentuch. Mit zwei Wäscheklammern aufgehängt, erzählt es das Drama von Täter und Opfer, das jeden Winter wieder gespielt wird.

Der Engel der Langsamkeit

Ein Engel hat immer für dich Zeit,
das ist der Engel der Langsamkeit.
Der Hüter der Hühner, Beschützer der Schnecken,
hilft beim Verstehen und beim Entdecken,
schenkt die Geduld, die Achtsamkeit,
das Wartenkönnen, das Lang und das Breit.

Er streichelt die Katzen, bis sie schnurren,
reiht Perlen zu Ketten, ohne zu murren.
Und wenn die Leute über dich lachen
und sagen, das musst du doch schneller machen,
dann lächelt der Engel der Langsamkeit
und flüstert leise: Lass dir Zeit!
Die Schnellen kommen nicht schneller ans Ziel.
Lass den doch rennen, der rennen will!

Ein Engel hat immer für dich Zeit,
das ist der Engel der Langsamkeit.
Der Hüter der Hühner, Beschützer der Schnecken,
hilft beim Verstehen und beim Entdecken,
schenkt die Geduld, die Achtsamkeit,
das Wartenkönnen, das Lang und das Breit.

Er sitzt in den Ästen von uralten Bäumen,
lehrt uns, den Wolken nachzuträumen,
erzählt vom Anbeginn der Zeit,
von Sommer, von Winter, von Ewigkeit.
Und sind wir müde und atemlos,
nimmt er unsren Kopf in seinen Schoß.
Er wiegt uns, er redet von Muscheln und Sand,
von Meeren, von Möwen und von Land.
Ein Engel hat immer für dich Zeit,
das ist der Engel der Langsamkeit.
Der Hüter der Hühner, Beschützer der Schnecken,
hilft beim Verstehen und beim Entdecken,
schenkt die Geduld, die Achtsamkeit,
das Wartenkönnen, das Lang und das Breit.

Jutta Richter

Jutta Richters gedichtetes Plädoyer ermuntert zur Ausübung heilsamer Langsamkeit in unserer schnelllebigen und hektischen Zeit. In einer Zeit, in der Zeit immer kostbarer wird, Kinder aber immer noch das Schneckentempo und die Geduld und Einfühlung der Erwachsenen benötigen, um die Welt entdecken und in ihr aufwachsen zu können, ist es fast schon ein Trostgedicht für Kinder.

Das Gedicht erleben

- Engel sind Mittler zwischen zwei Welten. Der Engel der Langsamkeit vermittelt Erwachsenen das andere Zeitgefühl von Kindern und bestärkt die Kinder in ihrem Bedürfnis nach zeitlicher Entschleunigung. Das Gedicht setzt Impulse frei, über den Sinn eines beschützenden Begleiters nachzusinnen, sich über die Poesie und Dramatik einer solchen Gestalt Gedanken zu machen. Wer sich auf Kinder einlässt, Fragen und eigene Gedanken in den Dialog einbringt und ihnen geduldig und aufmerksam zuhört, wird überrascht sein von den farbigen und bildhaften Vorstellungen, mit denen die Kinder das Wesen dieses Engels in Verbindung bringen und auch davon, welche inneren Bilder sie um den uns geläufigen Ausdruck „Zeit" ausbreiten.

Altersgruppe
Kinder ab 4 Jahren
Materialien
- Engel in der Kunst abgebildet von: Paul Klee, Nicki de Saint Phalle, Chagall

  - Wie sieht der Engel der Langsamkeit aus?
  - Woher könnte er kommen?
  - Was erzählt er vom Sommer, vom Winter, vom Hühnerhüten und Schneckenbeschützen?
  - Gibt es Engel? Können sie sichtbar werden?
  - Was für Aufgaben können Engel noch haben?
  - Wer hat schon einmal von einem Schutzengel oder einem Beschützer geträumt?
  - Kennst du noch andere Engel?
  - Wir sammeln Bilder von Engeln und Schutzengeln und untersuchen sie. Engel in der Kunst finden sich beispielsweise bei Paul Klee (z. B. der Schellen-Engel) und Nicki de Saint Phalle (Schutzengel).
  - Es gibt viele Möglichkeiten, einen Engel zu zeichnen oder zu basteln, und da niemand genau weiß, wie so ein Engel – und insbesondere der der Langsamkeit – denn nun in Wirklichkeit aussieht, sind der Fantasie keine Grenzen gesetzt.

Die Sterne

An welchem Tisch
nehmen die Sterne
ihr Abendmahl ein
Sie reichen sich
ihre Strahlenhände
sausend im Raum der
sie nicht fallen läßt
Sie kennen nicht
ihre eigenen Namen
fragen nicht
woher ihr Licht
warum und wieso
Sie nehmen teil
an der Zeit
die ein Märchen ist
aus Bewegung

Rose Ausländer

Rose Ausländer zählt zu den großen jüdischen Dichterinnen des 20. Jahrhunderts. Die leuchtenden Sterne am Nachthimmel, ihr Licht, das sich in alle Richtungen zerstreut, inspirierten sie zu naturlyrischen Betrachtungen. In reimfreien Versen besinnt sie sich auf eine Naturerfahrung, die Kindern bestens vertraut ist. Auf Sterne treffen sie in vielen Liedern, Märchen und Geschichten, insbesondere natürlich in der Weihnachtszeit. Das Wesen der Sterne setzt Rose Ausländer bildstark ins Wort, und ein beträchtlicher Teil der Kinder, mit denen ich dieses Gedicht erlesen habe, verfügt über ein bewundernswertes inhaltliches Verständnis:

„Ich kann dir nicht sagen, wo die essen und welche Märchen die hören. Aber dass die Sterne Strahlenhände haben und sich heben, dass sie nicht runterfallen, das ist wirklich so. Denn sonst müssten sie ja immer wieder zum Himmel rauf."

Das Gedicht erleben

- Wer liebt es nicht, sich am Sternenhimmel zu freuen und beim Anblick der Sterne seine Fantasie schweifen zu lassen. Schon immer dienten Sterne der Orientierung, ist der Stern doch ein Symbol für Schutz und Begleitung. Dieses Gedicht lebt vom gemeinsamen Lesen und Nachsinnen. Malen Sie mit den Kindern einen Sternenhimmel, nachdem sie das Gedicht vorgelesen haben, und lesen Sie es dabei noch einige Male vor. Währenddessen können die Kinder ihre eigenen Stimmungen zu Papier bringen.

  Sich diesem Text hinzugeben schafft nachdenkliche Zufriedenheit. Das ist allerdings nur in einer freien Atmosphäre möglich, in der nicht von vornherein ergebnisorientierte Erwartungshaltungen an die Kinder gerichtet sind.

- Ein Sternenhimmel, mit dem es sich wunderbar spielen lässt, entsteht mit zwei Spiegelkacheln und einigen ausgeschnittenen Sternen. Die Kacheln werden mit Klebeband zu einem Klappspiegel zusammengeklebt und zunächst im 90-Grad-Winkel aufgestellt. Die Sterne liegen so, dass sie sich spiegeln. Je nach Winkelstellung zeigen sich im Spiegel unterschiedlich viele Sterne.

Altersgruppe
Kinder ab 4 Jahren
Materialien
- Großformatiges Papier
- Evtl. für jedes Kind einen Bogen Zeichenpapier
- Wachsstifte
- Zwei Spiegelkacheln

Lautgedichte: wenn Laute, Silben und Buchstaben tanzen

Konkrete Poesie konzentriert sich auf die Elemente der Sprache. Es geht in dieser Form der Dichtung nicht darum, Gedanken und Stimmungen auszudrücken, sondern vorrangig um das Spiel mit Silben, Buchstaben und Wörtern. Erlesen und klanggestaltend vorgetragen, rufen Lautgedichte vielfältige Assoziationen hervor und kurbeln unsere Vorstellungskräfte gewaltig an. Sie sind ergiebig für Auge und Ohr, sie klingen und tönen und sind auch interessant anzuschauen. Weil sie so absonderlich und rätselhaft daherkommen, üben sie auf Kinder eine große Anziehungskraft aus.

WÖRTER

Die Trichter

Zwei Trichter wandeln durch die Nacht.
Durch ihres Rumpfs verengten Schacht
fließt weißes Mondlicht
still und heiter
auf ihren
Waldweg
u. s.
w.

Christian Morgenstern

Das Gedicht erleben

- Die Bedeutung dessen, was das Gedicht erzählt, wird durch die bildhafte Gestaltung, die Buchstabenanordnung, verstärkt – es handelt sich um ein lyrisches Wortbild: „Die Trichter" haben selbst Trichterform ...
  Als vereinfachte Variante gestalten die Kinder aus einem Wort ein Bildwort: Sonne, Schnecke, Baum, Haus ...

- Wir sprechen das Gedicht, indem wir unsere Stimmen verfremden: wir sprechen durch ein Taschentuch, eine Pappröhre, ein Sieb, in einen Eimer ...

- Stimmungsvoll wird der nächtliche Ausflug der zwei Trichter miterlebt, wenn die Kinder im Dunkeln mit einer Taschenlampe durch die Trichteröffnung leuchten.
  In einem großen, schwarz angemalten Karton (Maschinenverpackung) haben die Kinder jederzeit die Möglichkeit, das Gedicht im Dunkeln zu spielen.

- Sprechen Sie mit den Kindern über die zwei Trichter und überlegen Sie gemeinsam mit den Kindern, ob sie vielleicht Angst haben? Wie sprechen sie? Was essen sie gerne?
  Zwei Trichter als Spielfiguren regen das Vorstellungsvermögen der Kinder an und laden ein, aus dem Gedicht eine kleine Geschichte zu improvisieren und zu spielen.

Altersgruppe
Kinder ab 4 Jahren
Materialien
- Pappröhre, Salatsieb, Eimer
- Zwei Trichter, Taschenlampe, schwarz bemalter großer Karton

Fisches Nachtgesang

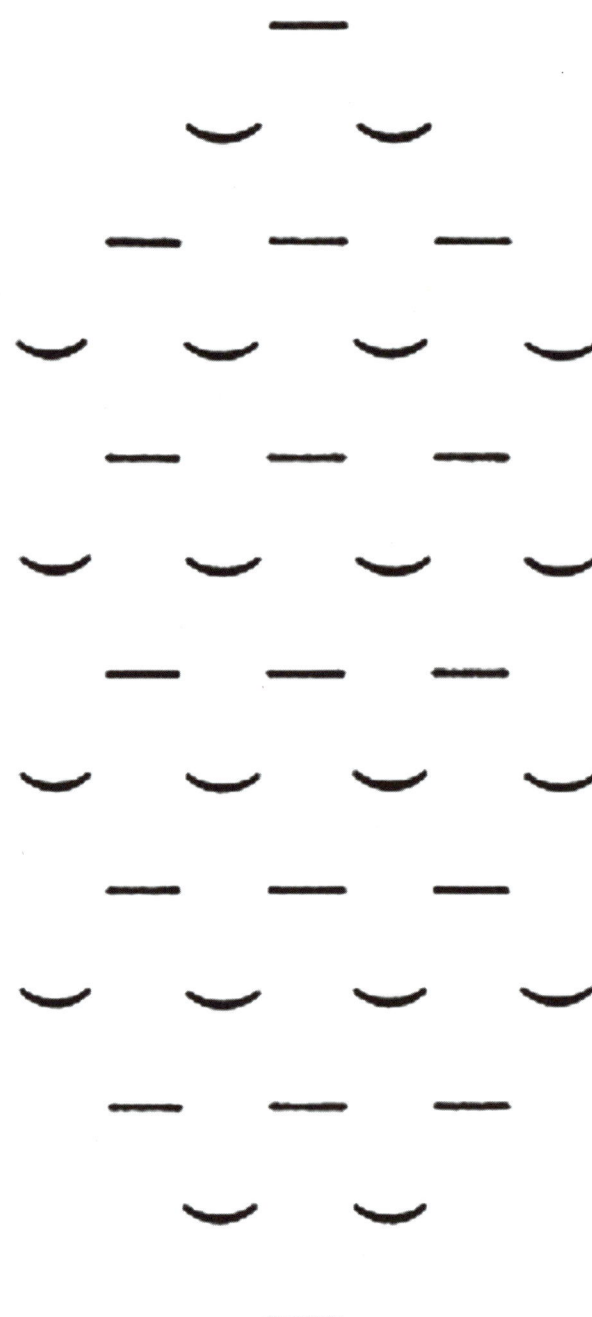

Christian Morgenstern

Gedichte mit Kindern erleben

Das Gedicht erleben

- Was bedeutet denn nur diese Strich- und Bogenliste? Normalerweise sind das Zeichen, mit denen man betonte und unbetonte Silben markiert. Doch hier haben wir ja gar kein Wortmaterial, sondern nur Zeichen – und doch ein fischförmiges Gedicht.
- Wie wird „Fisches Nachtgesang" vorgetragen? Das ist die große Frage! Und doch eigentlich ganz einfach zu beantworten: So, wie es jeder eben will! Morgenstern hat uns zwei Zeichen vorgegeben, die wir jeweils in einen Laut umsetzen können. Alles klar? Also dann ein Beispiel:

Altersgruppe
Kinder ab 4 Jahren
Materialien
- Ein Bogen Papier oder Karton, großformatig
- Ein schwarzer Permanentmarker, Strichstärke ca. 10 mm

Blupp
Blipp Blipp
Blupp Blupp Blupp
Blipp Blipp Blipp Blipp

Und so weiter, und so weiter … So können wir die Verschlusslaute P und B klangvoll hörspielen. Versuchen Sie es doch auch einmal mit Plopp, Plapp Plapp …

- Schreiben Sie das Gedicht auf ein großes Plakat. Meistens genügt es, Kindern den „Lyrikfisch" zu zeigen, einen kurzen Impuls für eine mögliche Lesart zu geben, und schon werden vielzählige Interpretationen zu hören sein.
- Stellen Sie den Kindern DIN-A4-Kopien des Gedichts für ihren Lyrik-Ordner (siehe S. 25) zur Verfügung. Die Symbole regen zu eigenen Erfindungen und deren Erläuterung an. Kinder üben sich so in ihrem Verständnis, Zeichen eine Bedeutung zuzuordnen. Dieses Symbolverständnis ist eine notwenige Fähigkeit, um ins Schreiben und Lesen zu wachsen.
Jüngere Kinder inspiriert das Gedicht oft zum Ausmalen und eigenen Gestalten.

Gruselett

*Der Flügelflagel gaustert
durchs Wiruwaruwolz,
die rote Fingur plaustert
und grausig gutzt der Golz.*

Christian Morgenstern

In dieser unheimlichen Szene geistern Flügeltiere und andere Fantasiegestalten: der Flügelflagel, der Wiruwaruwolz, die Fingur, der Golz – scheinbar sinnlose aus Lauten gebildete Worte – und doch nehmen sie im Gedicht die Stelle von Nomen ein. Wie Verben erscheinen die Schöpfungen gaustert, plaustert und gutzt.

Altersgruppe
Kinder ab 4 Jahren
Materialien
• OH- Projektor oder Beamer
• Heulschlauch, Putzeimer

Das Gedicht erleben

• Wird das Gedicht mit einem Beamer oder Overheadprojektor – im leicht verdunkelten Raum – an die Wand projiziert und vorgelesen, erleben die Kinder zum einen wieder eine Funktion von Schrift und zum anderen eine motivierende Gruselatmosphäre. Im Licht des Projektors spielen die Kinder die Figuren als Schatten.
• Die eigene Stimme plus Materialien, mit denen Geräusche erzeugt werden, sorgen für gruselige Töne: beispielsweise Heulschläuche und Putzeimer. In den Eimer gesprochen klingt die eigene Stimme besonders schaurig.
• Das Vorlesen im Kerzenschein verleiht dem Gedicht einen besonderen Charakter.
• Flügelflagel, Wiruwaruwolz, Fingur und Golz erhalten Gestalt, wenn sie mit Verkleidung gespielt oder mit Stiften auf dem Papier lebendig werden.

Spissi Spassi

Spissi spassi Casperladi
Hicki hacki Carbonadi
Trenschi transchi Appetiti
Fressi frassi fetti fitti
schlicki schlucki Casperluki
Dricki drucki marmeluki
Michi machi Casperlores
Spissi spassi tschu capores

Franz Graf Pocci

Franz Graf Pocci lebte 1807 bis 1876 in München und ist als Schöpfer von über vierzig Stücken rund um den Kasperl Larifari bis heute bekannt. Der „Kasperlgraf" hatte als hoher Hofbeamter aber auch Anteil am vielfältigen gesellschaftlichen und kulturellen Leben unter drei bayerischen Königen.
Dieses Sprachspiel findet sich in einem Stück, in dem über die sehr aufregenden Abenteuer des Kaspers Larifari erzählt wird.

Das Gedicht erleben

- Hier werden Silben kunstvoll zusammengeleimt, und in diesem Spiel können Sie und die Kinder sich in allen Registern ihrer Stimme erleben: es kann laut gerufen und andächtig geleiert, beschwichtigend gemurmelt und sehr näselnd oder im Wechsel gesprochen werden. Vielleicht entsteht aus dem Vers auch eine Geschichte über das, was der Kasper in diesen Zeilen erlebt, oder der Kasper spricht das Gedicht selbst …

Altersgruppe
Kinder ab 3 Jahren
Materialien
- Evtl. eine Kasperfigur

Das große Lalula

Kroklokwafzi? Sememi?
Seiokrontro – prafriplo:
Bifzi, bafzi; hulalemi:
quasti basti bo ...
Lalu lalu lalu lalu la!

Hontraruru miromente
zasku zes rü rü?
Entepente, leiolente
klekwapufzi lü?
Lalu lalu lalu lalu la!

Simarar kos malzipempu
silzuzankunkrei!
Marjomar dos: Quempu Lempu
Siri Suri Sei!
Lalu lalu lalu lalu la!

Christian Morgenstern

Christian Morgenstern war bewusst, dass Kinder ganz nah am Nonsens leben und eine größere Leidenschaft für derartige Sprachgebilde besitzen als Erwachsene, die Sprache so gestaltet eher als bizarr empfinden. Morgenstern schreibt 1910 an einen Redakteur: „Sie werden das Lalula nicht mehr ganz so unsinnig finden, wenn Sie bedenken, dass es weniger Ausdruck eines Un-Sinns Ohne-Sinns sein sollte, als der eines ganz privatpersönlichen, jugendlichen Übermuts, der sich in Lautverbindungen gefiel, ein Gefallen, das unter *Kindern* wohl alltäglich ist, das der Erwachsene aber, wie so vieles, vergisst.“

Das Gedicht erleben

- „Das große Lalula" ist ein Gedicht rein aus Lauten, die so etwas wie Wörter bilden. Hier dient die Sprache nicht mehr der Kommunikation von Inhalten oder Gedanken, sondern sie wird zum Material. Die Musikalität der Sprache, ihr Klingen, ihr „Sound" rücken in den Vordergrund. Das erlaubt lustvolle Einsichten in die Struktur der Sprache.

Kinder erleben die Qualität dieses Laut- und Klangspiels durch hinhören und zuhören. Das Gedicht sollte vor allem laut und ausdrucksvoll gesprochen werden. Was wer für sich heraushört, ist sehr verschieden. Werden beim Sprechen des Gedichts die Satzzeichen hörbar, kommen Fragen und Aussagen zum Tragen. Bei Fragen geht die Stimmführung nach oben, bei Aussagen nach unten.

„Das grosse Lalula" ist ein Hörerlebnis für Kinder. Wenn Sie das große Lalula ängstlich, traurig, lustig, wütend, träumerisch oder freudig vortragen, wird deutlich, wie sehr die Sprachmelodie (Prosodie) mit dem emotionalen Ausdruck verbunden ist.

Altersgruppe
Kinder ab 3 Jahren
Materialien
- Evtl. CD „Dunkel war's, der Mond schien helle"

Eine interessante dialogische Umsetzung kann man sich auf der CD „Dunkel war's der Mond schien Helle" (Jumbo Medien) anhören.

Rhythmisch klappern, gongen und sprechen

Lyrik unterscheidet sich von Erzählungen und Alltagssprache auch dadurch, dass sie deutlich mehr und intensivere Betonungen aufweist. Sie fordert eine andere Sprechweise heraus: langsamer, intensiver und eben betonter.
Gedichte sind deshalb immer Anregung und Herausforderung, prosodische Gestaltungsmittel wie tief und hoch, langsam und schnell, laut und leise, betont und unbetont intensiv zu nutzen.

Traktor-Geknatter

Ein Traktor kommt um die Ecke gerattert.
Man kennt ihn gleich, wie er klappert und knattert
und rüttelt und ruckelt
und zittert und knackt
und schüttelt und zuckelt
und stottert im Takt –
bis unter die Brücke zum dicken Bagger
wackelt der Traktor mit taketa-taka,
taketa-taka, taketa-pff
take-pff,
take – – aus!
Dann geht der Traktorfahrer nach Haus.

Hans Adolf Halbey

Das Gedicht erleben

- Das Dieselgeknatter dieser lautmalerischen und mit vielen Verben geschilderten Traktorfahrt begeistert Kinder, und nicht selten ist dies ein Gedicht, das von Kindern extrem schnell abgespeichert und in geistigen Besitz genommen wird. Insbesondere die wiederholte Nachahmung der Geräusche des Traktormotors bereichert die Lautwirkung im Sinne dessen, was Kinder an solchen Gedichten lieben: das Spiel mit der Sprache.
  Stellen Sie das Gedicht mit einem kleinen Spielzeugtraktor vor und üben Sie zuvor die Traktorengeräusche, sodass Sie das taketa-taka und take-pff perfekt lautmalerisch beherrschen und es verstehen, diese Zeilen spannend zu inszenieren.
- Seinen Rhythmus zeigt das Traktorgedicht, wenn Sie es mit den Kindern durch Klatschen oder Klopfen erobern und dabei die Anzahl der Silben und die Hervorhebung der unbetonten Silben deutlich wird.
- Die Traktorfahrt wird gespielt: auf einem Rollbrett oder einem Tretauto – aus dem schwuppdiewupp für die Kinder ein Bagger wird. So kann das Verhalten des Gefährts nachempfunden und das Gedicht im Spiel nacherlebt werden.

> **Altersgruppe**
> Kinder ab 3 Jahren
> **Materialien**
> - Spielzeug-Traktor
> - Evtl. Rollbrett

Traktoren sind ein beliebtes Thema bei Kindern, aber auch bei erwachsenen Männern, und deshalb gibt es wunderbare Bildbände und Lexika, in denen man die Traktorenvielfalt bestaunen und besprechen kann.

Die drei Spatzen

In einem leeren Haselstrauch
da sitzen drei Spatzen, Bauch an Bauch.
Der Erich rechts und links der Franz
und mitten drin der freche Hans.
Sie haben die Augen zu, ganz zu,
und obendrüber da schneit es, hu!
Sie rücken zusammen dicht an dicht.
So warm wie der Hans hat's niemand nicht.
Sie hören alle drei ihrer Herzlein Gepoch
Und wenn sie nicht weg sind, so sitzen sie noch.

Christian Morgenstern

Altersgruppe
Kinder ab 4 Jahren
Materialien
• Evtl. Wollmützen
  oder eine andere
  Kopfbedeckung

Das Gedicht erleben

• Haben die Kinder das Gedicht durch das wiederholte
Vortragen/Vorlesen sowie szenisches Spielen verinner-
licht, können „Die drei Spatzen" sprechlyrisch gestaltet
werden: mit einem kleinen Refrain-Chor und fünf
Mädchen/Jungen, die die Sprecherrollen übernehmen.
Der Titel des Gedichts wird chorisch als Refrain im
Sprechgesang intoniert. Jedes Sprecherkind hat zwei
Textzeilen, da wird keinem bange vor einem kleinen
Auftritt, vielleicht mit warmen Wollmützen.

Refrain – 1x	*Die drei Spatzen, die drei Spatzen*
1. Sprecherin	In einem leeren Haselstrauch da sitzen drei Spatzen, Bauch an Bauch.
2. Sprecherin	Der Erich rechts und links der Franz und mitten drin der freche Hans.
Refrain 2 x (bei der Wieder- holung die Stimme heben)	*Die drei Spatzen, die drei Spatzen* *Die drei Spatzen, die drei Spatzen*
3. Sprecherin	Sie haben die Augen zu, ganz zu, und obendrüber da schneit es, hu!
4. Sprecherin	Sie rücken zusammen dicht an dicht. So warm wie der Hans hat's niemand nicht.
Refrain 2 x (bei der Wieder- holung die Stimme heben)	*Die drei Spatzen, die drei Spatzen* *Die drei Spatzen, die drei Spatzen*
5. Sprecherin	Sie hören alle drei ihrer Herzlein Gepoch Und wenn sie nicht weg sind, so sitzen sie noch.
Refrain 1x	*Die drei Spatzen, die drei Spatzen*
Pause (still bis 3 zählen)	
Alle gemeinsam, mit hoher Stimme rufend sprechen	Und wenn sie nicht weg sind, so sitzen sie noch.
Refrain 2 x (bei der Wieder- holung die Stimme heben)	*Die drei Spatzen, die drei Spatzen* *Die drei Spatzen, die drei Spatzen*

Nach dem Spülen

Und Löffel zu Löffel ins Löffelfach
Und Gabel zu Gabel ins Gabelfach
Und Messer zu Messer ins Messerfach

Ach, was für'n Krach!
Wenn ich will, bin ich still.

(geflüstert:)
Und Löffel zu Löffel ins Löffelfach
Und Gabel zu Gabel ins Gabelfach
Und Messer zu Messer ins Messerfach

Wenn ich will, bin ich still.
Manchmal, wenn ich lustig bin,
werf ich alles lustig hin:

Und Löffel zu Löffel ins Gabelfach
Und Gabel zu Gabel ins Messerfach
Und Messer zu Messer ins Löffelfach

Manchmal, wenn ich lustig bin,
werf ich alles lustig hin.
Manchmal geht es mir so gut,
da packt mich der Übermut:

Und Löffel zu Gabel ins Messerfach
Und Gabel zu Messer ins Löffelfach
Und Messer zu Löffel ins Gabelfach

Ach was für'n Krach!
Wenn ich will –
bin ich still.

Erwin Grosche

Gedichte mit Kindern erleben

Erwin Grosche ist ein meisterlicher Poet des Alltags. Er schmiedet Verse über allerlei Geräte vom Fön über Scheibenwischer bis zur Luftpumpe, er besingt aber auch allzu graue Herbsttage oder tauenden Schnee, jedenfalls geht es in seinen Texten meist kurios und lautmalerisch zu. „Vor allem Spaß sollen sie machen, dann kommt die Liebe zur Sprache von ganz alleine", findet Erwin Grosche, und das ist mit dieser scheppernden Aufräumgeschichte garantiert.

Das Gedicht erleben

- Benötigt wird Spielfreude – die haben die Kinder – und viele Messer, Gabeln und Löffel, die gibt es überall und, nicht zwingend, aber gut brauchbar, einen Besteckkasten. Wirkungsvoll gesprochen und mit Übermut und Stille in Szene gesetzt, entfalten sich so Sprachklang und die geräuschvolle Untermalung zu Chaos und Rhythmus zugleich. Lesen Sie sich zunächst einmal textsicher und finden Sie Ihre Vortragsvariante.
  Nach einigen Vorträgen sprechen Sie das klangvolle Bestecheinräumen mit den Kindern gemeinsam und klatschen dabei den Sprechrhythmus. Dabei erleben die Kinder die Kontrastbildung laut-leise und den Taktwechsel Dreier-, Zweiertakt.
  Der Ich-Text, der zwischen den Strophen auftaucht, ermuntert Kinder, sich selbst in Sprache und Spiel variantenreich auszuprobieren und zu erleben. „Nach dem Spülen" eignet sich ebenfalls gut zum Vortrag mit verteilten Rollen.
- Möchten Sie das Gedicht mit den Kindern szenisch spielen, kann es so beginnen: Mit einem kleinen Löffel wird an einer Reihe aufgehängtem Besteck entlanggestrichen. Messer, Gabel und Löffel werden vorgestellt, und ein Erzähler berichtet, dass es jetzt ein Gedicht frisch aus der Küche gibt, das zukünftig immer beim Bestecheinräumen gesprochen und gespielt werden sollte.
- Die Hommage an unsere Esswerkzeuge eignet sich aufgrund der Klangqualitäten bestens zum Aufführen in vielen Spielarten und auch dazu, akustisch auf Kassette, CD oder MP3 gespeichert zu werden.

Altersgruppe
Kinder ab vier Jahren
Materialien
- Reichlich Messer, Gabel und Löffel
- Evtl. Besteckkasten und Schnur

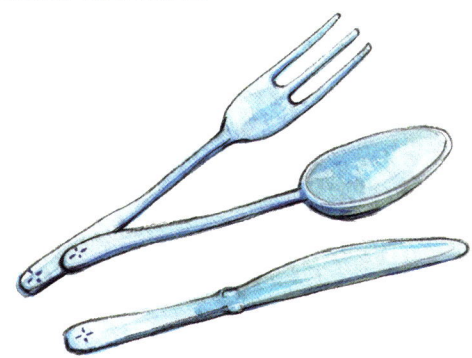

Der Gang zum Gong

Ging, Geng, Gang, Gong,*
ich ging den Gang
zum Gong entlang.
Den Gang zum Gong
ging ich entlang
und nahm den Schwengel,
und da Klang
der Klang vom Gong
den Gang entlang.
Bis dass im Gang
der Gong verklang,
verklang im Gang
der Gong so lang.
Ging, Geng, Gang, Gong*

Fredrik Vahle

* Diese Zeile kann in ständiger Wiederholung als Klangteppich gesungen werden.

Altersgruppe
Kinder ab vier Jahren
Materialien
• Ein Gong

Das Gedicht erleben

• „Der Gang zum Gong" bringt uns beim Zuhören oder Sprechen auf den Weg, denn dieser Sprechgesang kann in gemessenen Schritten er-gangen werden. Zuerst lockern sich alle für eine gute Körperhaltung beim Gehen: die Schultern kreisen, die Wirbelsäule ist aufgerichtet, wir atmen tief ein und tief aus. Das chinesische Schriftzeichen Gong (功) bedeutet, je nach Zusammenhang: Übung, Arbeit, Aufgabe, Fähigkeit. Jedenfalls finden sich im „Gang zum Gong" reichlich Vokale, die für einen guten Klang sorgen. Der Wohlklang der Vokale kann intensiviert werden, wenn Sie vor dem Vortrag mit den Kindern einige Male den Text sprechen „A, E, I, O, U – der Mund geht immer zu."
Wird ein Gong verwendet, spürt und hört man gemeinsam den Schwingungen und Klängen nach. So bewegt und von Klängen durchschallt, lässt es sich bestens entspannen.

Ein Bericht mit Gewicht

Ein Ge(h)dicht traf ein Stehdicht,
das stand so still und stumm.
Das Ge(h)dicht sagte: „Steh nicht,
und geh mit mir herum!"
Gesagt, getan, das Stehdicht,
das Stehdicht ging auch mit
und sprach schon bald zum Ge(h)dicht:
„Ich wär so gern zu dritt."
Drum liebt das Ge(h) – das Stehdicht
für nichts und gar kein Geld.
Und dann erblickt ein Drehdicht
das grelle Licht der Welt.

Manfred Schlüter

„Ganz dicht gehen, stehen und sich drehen und danach ein Sausel sehen", so eine neue Zeile zum Gedicht von der fünfjährigen Svenja. Keinesfalls merkwürdig finden Kinder diese wunderbare Eltern-Kind-Geschichte, die ihrer Lust nach dem Spiel mit der Sprache voll entspricht.

Das Gedicht erleben

- Das Gedicht ruft nach einer bewegten Umsetzung: Die Kinder spielen in Dreiergruppen: Die Gehdichte, Stehdichte und Drehdichte tragen jeweils einfarbige Kleidung in unterschiedlichen Farben. Sie sind die Erzählerin, die Steh- und Gehdichte sprechen ihren Part. Die letzten zwei Zeilen können von einer zweiten Erzählerstimme gesprochen werden. Das Spiel ergibt sich aus dem Inhalt, jedenfalls finden die Kinder am drehfreudigen Ende großen Gefallen.
- Aus dem Ge(h)dicht wird ein Gedichtband: Auf ein ca. 1.50 Meter langes einfarbiges Geschenkband schreiben Sie den Text ab – die Kinder können kleine Symbole einzeichnen. Mit diesem Band kann man ein Geschenk schnüren, ein Stück davon kann den Kindern als Haarband oder Armband dienen.

Altersgruppe
Kinder ab 4 Jahren
Materialien
- Für jedes Kind ca. 1.50 Meter einfarbiges Geschenkband
- Einen schwarzen OH-Stift Permanent, Strichstärke F

Unterwegs im Jahr

Der Ablauf der Jahreszeiten ist ein Kreislauf, der uns Eingebunden-
sein und Gewissheit vermittelt. Das, was die Natur bewegt und wie
sie sich uns zeigt, spiegelt sich vielfältig in der Lyrik wider. Gedichte,
die diese Naturbezogenheit in Worten fühlen und spüren lassen, sind
stimmungsvolle Begleiter durch das Jahr.

Die Enten laufen Schlittschuh

Die Enten laufen Schlittschuh
auf ihrem kleinen Teich.
Wo haben sie denn die Schlittschuh her –
sie sind doch gar nicht reich?

Wo haben sie denn die Schlittschuh her?
Woher? Vom Schlittschuhschmied!
Der hat sie ihnen geschenkt, weißt du,
für ein Entenschnatterlied.

Christian Morgenstern

Das Gedicht erleben

- Schreiben Sie das Gedicht auf transparente Noppen-folie und hängen Sie es am Fenster auf. Das mutet wie das Eis des zugefrorenen Sees an, auf dem die Enten Schlittschuh laufen.
- Dieser kleine Augenblick, den Morgenstern hier schildert, weitet sich, da der imaginäre Beobachter eine Frage einwirft und dieser nachgeht. In der Ant-wort entsteht eine große Bühne, die sich die Zuhörer dieses Gedichts mit ihrem eigenen Kopfkino vorstel-len werden:
  Welches Lied haben die Enten gesungen?
  Wie war das, als die Entenschar in der Schmiede aufgetaucht ist?
  Vielleicht klären Sie gemeinsam mit den Kindern, was in einer Schmiede geschieht und was da am offenen Feuer alles geschmiedet wird.
- In Bewegung: Verwenden Sie eine Musik, nach der die Entenkinder Schlittschuh laufen können.

> **Altersgruppe**
> Kinder ab 3 Jahren
> **Materialien**
> - Transparente Noppenfolie, OH-Stift

Er ist's

Frühling lässt sein blaues Band
Wieder flattern durch die Lüfte;
Süße, wohlbekannte Düfte
Streifen ahnungsvoll das Land.
Veilchen träumen schon,
Wollen balde kommen.
– Horch, von fern ein leiser Harfenton!
Frühling, ja du bist's!
Dich hab ich vernommen!

Eduard Mörike

Altersgruppe
Kinder ab 4 Jahren
Materialien
- Blaue Tücher und/
  oder Bänder
- Evtl. Eierschneider, Papp-
  schachtel, Klebeband

Das Gedicht erleben

- Das Gedicht, das fast jeder kennen wird, bietet Kindern und Erwachsenen gleichermaßen Spielraum zum Fühlen und Nachsinnen.
  Der Frühling tritt hier als Person ins Bild, die mit „Du" angesprochen wird, in seinem flatternden Band spiegelt sich der blaue Himmel. Mehrere Sinne werden gleichzeitig angesprochen durch das Bild der flatternden Bänder, durch die Wahrnehmung süßer Veilchendüfte und die Aufforderung „Horch" auf die leisen Harfentöne. Mit Gewissheit und erfreut können wir sagen Ja, „Er ist's" – der ersehnte Frühling.
- Mit blauen seidigen (Geschenk-)Bändern, Chiffontüchern oder Seidentüchern stellen einige Kinder den Frühling mit seinem Band dar. Sie bewegen sich zu einer frühlingshaften Musik zwischen den anderen Kindern hindurch, die als Veilchen versteckt unter Tüchern am Boden sitzen. Das Band ist ein Vermittler und schafft Platz für Träume, Bilder und Wünsche. Beim Einsetzen des Harfentons oder anderer leiser, sanfter Töne machen sich die Veilchen auf und bewegen sich an die Erdoberfläche, d. h. sie kriechen unter ihren Tüchern hervor und tanzen gemeinsam mit dem Frühling über die Wiese.

So wird ein Eierschneider zur Miniharfe: In eine Schachtel zur Verstärkung der zarten Saitentöne ein Schallloch einschneiden. Darüber mit Klebeband den Eierschneider kleben. Nun werden mit den Fingerspitzen zarte Harfentöne gezupft.

Sommernacht

In einer Sommernacht
aus Sternen gemacht
Steht im Sternengewimmel
Ein Löwe am Himmel
Und lacht
Weil der Mond
So ein Mondgesicht macht.

Verfasser unbekannt

Das Gedicht erleben

- Der Mond hat auch etwas mit Werden und Verge-hen, Zunehmen und Abnehmen von Zukunft zu tun. Die Kinder zeichnen das Mondgesicht auf ein Blatt Papier und sprechen dazu den Zeichenvers:

> Der Mond ist rund rund, rund, rund
> er hat zwei Augen Nase Mund.

Dann wird das Sommernacht-Gedicht vorgetragen, ergänzend sprechen die Kinder die Zeilen „Der Mond ist rund, rund, rund – er hat zwei Augen, Nase, Mund" dazu.
Parallel können sie diese Zeilen mit Bewegungen begleiten: Der Mond – die Arme kreisen, mit den Fingern auf die Augen zeigen, mit dem Zeigefinger Nase und Mund nachfahren.
- Die Kinder recherchieren in Sachbüchern nach dem Sternbild des Löwen.
- Aus einem Streifen stabilem Pergamentpapier (Architektenpapier) wird ein Windlicht für eine schöne Sommernacht gebastelt: Auf den Streifen zeichnen die Kinder ihr Sternengewimmel, in das Sternengewimmel schreiben die Eltern das Gedicht „Sommernacht".
Der Streifen wird zu einem Ring geklebt und ein Teelicht sorgt dafür, dass das Sommernacht-Gedicht im Dunkeln auf der Terrasse vorgelesen werden kann.

Altersgruppe
Kinder ab 4 Jahren
Materialien
- Architektenpapier, schwar-zer Filzstift, Teelicht
- Sachbücher zu Sternbil-dern

November

Es kommt eine Zeit,
da lassen die Bäume
ihre Blätter fallen.
Die Häuser rücken
enger zusammen.
Aus dem Schornstein
kommt ein Rauch.

Es kommt eine Zeit,
da werden die Tage klein
und die Nächte groß,
und jeder Abend hat
einen schönen Namen.

Einer heißt Hänsel und Gretel.
Einer heißt Schneewittchen.
Einer heißt Rumpelstilzchen.
Einer heißt Katherlieschen.
Einer heißt Hans im Glück.
Einer heißt Sterntaler.

Auf der Fensterbank
im Dunkeln,
daß ihn keiner sieht,
sitzt ein kleiner Stern
und hört zu.

Elisabeth Borchers

„November" ist Teil des „Jahreszeiten"-Zyklus, in dem Elisabeth Borchers jedem Monat
des Jahres ein Gedicht widmet.

Das Gedicht erleben

- Elisabeth Borchers bezieht diejenigen, die das Gedicht erleben, stark in diese Novemberstimmung mit ein. Einmal dadurch, dass sie starke assoziative Momente schafft, zum anderen durch die offene Form, die reichlich die Fantasie anregt und fordert. Die meisterlichen Gedankenbilder dieses Novembergedichts setzen die Kinder in Bilder um, aus denen eine Collage entsteht: Jedes Kind malt sein Haus und schneidet es aus. Auf einen großen Bogen Papier wird ein Nachthimmel gemalt, und die Häuser werden eng beisammen stehend aufgeklebt. Über den Häusern kleben wir für jeden Abend Sprechblasen ein, in denen der Name und ein Symbol für das jeweilige Märchen stehen. Der kleine Stern muss auch noch ins Bild. Damit ihn keiner sieht, wird er unter einem Stück Karton versteckt. Wer ihn sehen möchte, klappt den Karton einfach auf. Woher kommt der kleine Stern? Welches Märchen hört der kleine Stern am liebsten? Wer erzählt die Märchen und wem werden sie erzählt?
- Die Kinder überlegen sich, was sie selbst für einen schönen Abend brauchen: Ein Lied? Eine Gute-Nacht-Geschichte vorgelesen bekommen? Einen Gute-Nacht-Kuss, ein Licht, das anbleibt, das Lieblingskuscheltier?
- Kleine Tage und große Nächte verlocken zum Vorlesen. Erkunden Sie mit den Kindern die im Gedicht gennannten Märchen, lesen Sie diese vor. Dabei können Sie die gereimten Verse der Märchen entdecken und diese in einem kleinen, schön gebundenen Notizbüchlein aufschreiben.

Altersgruppe
Kinder ab 5 Jahren
Materialien
- Zeichenpapier, Malstifte, Kleber, Scheren
- Evtl. Märchenbücher, Notizbuch

Poetische Tierwelten

Gerne gesellt sich das Tier zum Reim: einerseits lässt sich mit Hilfe der Tiere das menschliche Sein und Streben besser erklären, andererseits müssen die Tiere für vieles Menschliche herhalten. Tiere und Kinder stehen sich nahe. Dass das Tier in der Lyrik wundervoll aufgehoben ist, zeigt sich darin, dass es keinerlei Mühe macht, weder für die gesamte Besatzung der Arche Noah noch für ausgestorben Tiere wie Dinosaurier das gewünschte Gedicht aus Anthologien herauszufischen. Sprache kann federlos fliegen, lautstark quäken, elefantastisch trompeten oder klappernd galoppieren ...

Das ästhetische Wiesel

Ein Wiesel
saß auf einem Kiesel
inmitten Bachgeriesel.
Wisst ihr weshalb?
Das Mondkalb
verriet es mir im Stillen:
Das raffinierte Tier
tat's um des Reimes willen.

Christian Morgenstern

Das Gedicht erleben

- Morgensterns Wiesel zeigt, wie ein Reimwitz funktioniert und gibt uns gleichzeitig Einblick in die Bedrängnis der Dichter auf der Suche nach dem Reim. „Das ästhetische Wiesel" ist aber trotz dieser dem Gleichklang geschuldeten Wortkombinationen eine Kurzgeschichte, die aus dem Stand in ein szenisches Spiel umgesetzt werden kann: Zwei Kinder übernehmen die Rollen des Wiesels und des Mondkalbs und stellen dar, was im Gedicht passiert. Der Erzähler liest das Gedicht laut vor, das Wiesel hockt auf seinem Kiesel, und plötzlich kommt das Mondkalb angetrabt und tuschelt dem Erzähler etwas ins Ohr, der erstaunt tut und dann seine Zuhörer an seinem Wissen teilhaben lässt.

- Kinder begeistern die Worte „Mondkalb", „Bachgeriesel". Beide Wörter werden aufgeschrieben und in die „Zauberwörter-Dose" gelegt. Gibt es das Mondkalb wirklich? Wie sieht es aus? Wohnt es auf dem Mond? Wieso kam es zu diesem Bach, und woher weiß das Mondkalb denn überhaupt, dass das Wiesel deswegen auf dem Kiesel hockt, dass sich ein Reim ergibt? Viele Fragen, denen es nachzugehen gilt, in Gedanken und auch Taten.

- Die Kinder suchen beim Spaziergang nach möglichst großen Kieselsteinen. Das Gedicht wird auf einen Stein geschrieben. Kleinere Steine ergeben das Bachgeriesel, und manchmal kommt es eben vor, dass in diesem Geriesel mit einem Spielzeugeinhorn und einem Plüschdachs das Gedicht begleitend zu einem Tischspiel gesprochen wird …

Altersgruppe
Kinder ab 4 Jahren
Materialien
- Zauberwörter-Dose
- Großer Kieselstein
- Kleine Kieselsteine

Die Ameisen

In Hamburg lebten zwei Ameisen,
die wollten nach Australien reisen.
Bei Altona, auf der Chaussee,
da taten ihnen die Beine weh
und da verzichteten sie weise
denn auf den letzten Teil der Reise.

Joachim Ringelnatz

Ringelnatz ist ein Dichter, dem es mühelos gelingt, mit skurrilem Witz, Nonsens und Tiefgang Stimmungen zu schaffen, die Kindern und Erwachsenen auf spezielle Art nahe gehen. Seinen Versen liegt die Lebenserkenntnis zugrunde, dass das wirkliche Leben voll grotesker Momente ist und diese idealerweise auch in grotesker Sprache festzumachen sind. „Die Ameisen" zählen für Kinder zu den „Ohrwürmern" unter den Ringelnatz-Versen – oft werden sie zu Lebensbegleitern, da sie nie vergessen werden.

„Chaussee" ist ein heute nicht mehr gebräuchlicher französischer Begriff für eine gut ausgebaute Landstraße. Im Französischen wird die zweite Silbe betont.

Altersgruppe
Kinder ab 4 Jahren
Materialien
• Evtl. Globus oder Atlas

Das Gedicht erleben

• Ihre Finger spielen die Ameisen und krabbeln über den Arm des Kindes. Sie sprechen: „Die Ameisen kommen! Sie krabbeln über deinen Arm und rufen: ‚Hallo du da, hör mal zu!' Sie tanzen über deine Nase und jubeln: ‚Oh, wie schön hier, hei juchhu, und meine Geschichte, erzählst du mir die?'"
Sie deuten auf sich selbst, oder, wenn das Kind „Die Ameisen" bereits selbst sprechen kann, auf das Kind und erzählen, wie es den Ameisen mit ihren großen Plänen erging.

• Die Fabel von den zweien, die sich da wohl überschätzt haben, lässt viele Fragen aufkommen: Woher kamen die beiden? Hatten sie vielleicht zu viel Gepäck? Warum waren sie denn so schlapp in Altona auf der Chaussee, dass sie nicht weiterkonnten? Was haben sie anstelle ihrer Reise unternommen?
Gemeinsam schauen alle auf dem Globus oder im Atlas nach, wo Australien liegt. Wie hätten sie es schaffen können, dorthin zu kommen?

Gespräch einer Hausschnecke mit sich selbst

Soll i aus meim Hause raus?
Soll i aus meim Hause nit raus?
Einen Schritt raus?
Lieber nit raus?
Hausenitraus –
Hauseraus
Hauseritraus
Hausenaus
Rauserauserauserause ...

Christian Morgenstern

Das Gedicht erleben

- Dieses Morgenstern-Gedicht ist eine wunderbare Erfahrung zur Prosodie von Fragesätzen. Lassen Sie deshalb hörbar werden, dass Fragesätze anders betont werden als Aussagen oder Aufforderungen, denn bei Fragen hebt sich die Stimme am Ende des Satzes.
- Die Schnecke sitzt im Garten zwischen Blättern in der Ecke – gut geschützt von einer Hecke. Sie hat so ein Gefühl, das macht ihr Kummer – sie hat, das spürt sie, einen Riesenhunger. Und dann führt sie ihr Selbstgespräch ...
  Die Kinder spielen die Schnecke mit einer (eventuell einfarbig bemalten) Hand, auf dem Handrücken ist eine Spirale als Schneckenhaus gezeichnet. Diese Hand liegt als Faust auf dem Tisch. Zunächst wackelt sie hin und her ... und während das Gedicht gesprochen wird, spreizen sich der Daumen, dann der kleine Finger und deuten an, dass sich da manchmal die Fühler zeigen.
- Letztendlich werden die Kinder die Frage der Schnecke beantworten und sich ausdenken, wo sie sich befindet und was sie, falls sie „rauserause-rauskommt", erleben wird.
- Schreiben Sie das Gedicht spiralförmig wie ein Schneckenhaus auf. Lassen Sie jeweils bei ‚Haus‘ eine Lücke. Die Kinder ergänzen bei Hausenitraus, Hauseraus, Hauseritraus, Hausenaus das Wort Haus in Großbuchstaben oder zeichnen jeweils ein Haus ein. „Rauserauserauserause ..." kann so geschrieben werden, dass es den Schneckenkörper bildet.

Alarm! Hier spricht die Polizei

Alarm! Hier spricht die Polizei:
Bertolt Biber, der ist frei!
Ist aus seinem Zoo entwichen,
hat sich in die Stadt geschlichen,
wo er seitdem klaut und frisst,
dass es nicht zu glauben ist.
Hundertzwanzig Streuselkuchen
sind verschwunden, und wir suchen
außerdem ein ganzes Fass
Honig, siebzig Ananas,
tausend Tafeln Schokolade,
neunzig Eier, und gerade
hören wir, es fehlt noch mehr:
Ob Negerkuss, ob Gummibär,
ob Marzipan, ob Früchtebrot,
ob Speiseeis, ob Obstkompott,
ob groß, ob klein, ob heiß, ob kalt -
Bertolt macht vor gar nichts halt.
Drum lasst ihn nicht in eure Wohnung!
Hunderttausend Mark Belohnung
winken dem, der ihn ergreift
und zur nächsten Wache schleift.
Seid so gut, schafft ihn herbei!
Schönen Dank! Die Polizei

Robert Gernhardt

„Robert Gernhardts Angebot, das Angebot des Dichters an seine Leser, war immer dasselbe: sich von der Lust an der Sprache und ihren unendlichen Möglichkeiten anstecken zu lassen. Gernhardt spielt mit den Worten wie die Katze mit dem Wollknäuel." So charakterisiert Tilman Spreckelsen den Dichter im Nachwort von Gernhardts „Ein gutes Wort ist nie verschenkt" (Gernhardt 2009, S. 312).

Das Gedicht erleben

- Da stellt sich doch die Frage: Wie ist Bertolt Biber wohl aus dem Zoo abgehauen? Wie kommt er in die Stadt, in die Häuser, und warum bemerkt ihn niemand?

- Gemeinsam überlegen die Kinder, welche besonderen Merkmale Bertolt Biber wohl hat. Dazu kann auch ein Tierlexikon zurate gezogen werden. Die Recherche wird mit etwas Fantasie angereichert: „Er hat Schwimmflügel, weil er ja durch einen Fluss geschwommen ist." Und dann wird ein Steckbrief verfasst und aufgehängt, so „wie im Film". Verkleidete Polizisten sind in der Kita unterwegs und fahnden nach dem Gesuchten. Damit alle wissen, was gestohlen worden ist, wird jedem eine gezeichnete und teilweise in Buchstaben verfasste Auflistung der verfutterten Beute überreicht. Das Spiel nimmt immer neue Wendungen, der Text wird so oft vorgelesen und gespielt, dass viele Kinder ihn rasch memorieren können.

- Wird dem Sinn, den Szenen und den Personen eines Gedichts so intensiv nachgespürt wie in diesem Fall, bietet es sich an, die Auseinandersetzung mit dem Bau eines Gedichtkastens zu verbinden. In ihm können Kinder ihre Sicht der Dinge dreidimensional darstellen.

  Die Kinder gestalten ihren „Bertolt-Biber-Gedichtkasten":

  Von einem Holzkistchen eine Seitenwand entfernen, sodass Einsicht in die Szene genommen werden kann, die im Kasten aufgebaut wird. Zunächst bemalen die Kinder den Kasten außen und innen mit Dispersionsfarbe. Dann formen sie Bertolt Biber samt seiner Beute aus Knete, für die Beute können auch Spielzeuggegenstände verwendet werden. Die Stadt auf Papier malen und in der Kiste als Hintergrundbild anbringen, den Steckbrief an einer Seitenwand befestigen. Außen an der Kiste ist der Text des Gedichts angebracht.

Fink und Frosch (Rap)

Im Apfelbaume pfeift der Fink
Sein: pinkepink!   *Pause*
Ein Laubfrosch klettert mühsam nach   *Fingerschnippen bis „ausgequakt"*
Bis auf des Baumes Blätterdach
Und bläht sich auf und quackt: „Ja, ja!
Herr Nachbar, ick bin och noch da!"

                               5x Refrain: Juchheija, heija, heija, heija

Und wie der Vogel frisch und süß
Sein Frühlingslied erklingen ließ,
Gleich muss der Frosch in rauen Tönen
Den Schusterbass dazwischen dröhnen.

                               5x Refrain: Juchheija, heija, heija, heija

„Juchheija, heija!" spricht der Fink.
„Fort flieg ich flink!"   *Pause*
Und schwingt sich in die Lüfte hoch.
„Wat!" ruft der Frosch, „dat kann ick och!"
Macht einen ungeschickten Satz,
Fällt auf den harten Gartenplatz,
Ist platt, wie man die Kuchen backt,
Und hat für ewig ausgequackt.

                               5x Refrain: Juchheija, heija, heija, heija

Wenn einer, der mit Mühe kaum
Geklettert ist auf einen Baum,
Schon meint, dass er ein Vogel wär,   *Pause*
So irrt sich der.

                               5x Refrain: Juchheija, heija, heija, heija

                                  Wilhelm Busch

Das Gedicht erleben

- Ältere Kinder finden Gefallen und Spaß daran, ein Gedicht als Rap zu rhythmisieren. Rap ist sprechen wie eine Trommel, im Rap übernimmt die Stimme die Funktion eines Rhythmusinstruments. Rap hat einen markanten Rhythmus, bei dem der unbetonte Taktteil betont wird. „To rap" ist ein amerikanischer Slangausdruck, der quasseln bedeutet.

Altersgruppe
Kinder ab 4 Jahren
Materialien
- Cooles Hip-Hop-Outfit
- Evtl. CD „Max und Moritz"

Das ist RAP:
Komm mit und LAUF den LAUF
Mit Schwung im Dau-er-LAUF
Das ist kein RAP:
Komm MIT und LAUF
Im Dau-er-LAUF

Das letzte Wort einer Textzeile ist also das letzte Wort, das innerhalb eines Taktes gesprochen wird.

- Diese Wilhelm-Busch-Fabel lässt sich bestens rappen. Oft wird mit diesem rhythmischen Kniff erreicht, dass sich auch Jungs in der Lyrik wiederfinden: mit entsprechenden Hip-Hop-Bewegungen und einem angesagten Outfit lässt es sich wippen und schnippen, und dann ist Lyrik „cool".

Tipp:
Wer sich lieber erst einmal anhören möchte, wie das funktionieren könnte, findet „Fink und Frosch" umgesetzt von den „Jungen Dichtern und Denkern" auf deren CD „Max und Moritz" (Lacrima Records 2007) und kann sich mit Playback als Karaoke-Interpret versuchen. „Die Jungen Dichter und Denker" rappen unser Kulturgut von Schiller über das Einmaleins bis zu Weihnachtsgedichten.

Ein Zirkusabenteuer mit einem Löwen und vielen Tigern

Ein gewalTIGER Sturm tobt um das Zelt.
Ein hefTIGER Windstoß, ein Wagen fällt.
Ein rosTIGER Riegel bricht entzwei,
Und der Löwe ist frei.
Der kleine Clown ist ein muTIGER Mann
Und tüchTIGER als man sich denken kann.
„Sei ein arTIGER Löwe." Er holt einen Schinken.
„Hier, ein safTIGER Happen. Hier, etwas zu trinken."
So lockt er den Löwen lisTIGER Weise
Zurück in das offene Gittergehäuse.
Mit gewichTIGER Miene erklärt der Dompteur,
Dass der Clown ein richTIGER Tierfänger wär'.
„Unser Clown", ruft er laut, „ist ein richTIGER Held."
Und kräfTIGER Beifall erschüttert das Zelt."

Paul Maar

Das Gedicht erleben

- Aus diesem „Zirkusabenteuer" ergibt sich ein kleines Sprechtheater, wenn in den Vortrag der Erzählerin verschiedene einzelne Kinderstimmen das Wort „Tiger" an der passenden Stelle hineinsprechen. Bei einer chorischen Interpretation sprechen alle Kinder gemeinsam das Wort „Tiger" an den entsprechenden Stellen. Ähnlich wie bei Gedichten mit Reimergänzungen entsteht so ein gemeinsam hergestelltes Spracherlebnis. Kinder fühlen sich in diesem Gedicht wohl, erleben Sprache positiv und wollen das Gedicht immer wieder und wieder erleben.

Altersgruppe
Kinder ab 4 Jahren
Materialien
- Evtl. Kopien des Textes

> Der Vortrag gewinnt ungemein, wenn Sie die wörtliche Rede des Dompteurs und des Clowns deutlich und expressiv gestalten.

- Wird das Gedicht so aufgeschrieben, dass die Silben ti-ger als Lücke in der Schriftzeile ausgespart sind, können schreibinteressierte Kinder diese mit TIGER in Großbuchstaben füllen.
  Wer nicht schreiben will oder kann, malt Tiger in die entsprechenden Stellen oder klebt kopierte Tigerabbildungen ein. Diese Tätigkeit gehen die Kinder selbstbestimmt an. Deshalb sollten sie das Gedicht aufbereitet im Lyrik-Ordner vorfinden – und können dann selbst entscheiden, ob und wann sie sich mit den Tigern beschäftigen möchten.

> In der Anthologie „Jaguar und Neinguar" (Oetinger 2007) ist der umfangreiche Lyrikschatz von Paul Maar zu genießen. Die reimlustigen Sprachspielereien von Paul Maars Fabelwesen Sams, „dem besten Dichtlehrer aller Zeiten", sind gesammelt in „Da bin ich gespannt wie ein Gummiband" (Oetinger 2012).

Spannung pur – mit Balladen

Balladen erzählen dramatische Ereignisse aus vergangenen Zeiten. Obwohl sie bei der Auswahl von Gedichten für Kinder, die noch nicht die Schule besuchen, eher selten zum Zug kommen, sind Kinder an dieser Form der Lyrik interessiert.

Erfahrungsgemäß liegt es daran, dass hier Geschichten erzählt werden, die ihre Fantasie mächtig anregen. Die Geschichten sind spannend, die Handlung schreitet zügig vorwärts, und die Figuren werden durch ihre Handlungen charakterisiert. Balladen sind Erzählgedichte und wurden früher den meist schrift- und leseunkundigen Zuhörenden mit Bildern nahegebracht. Heute begegnen sie uns in vielfältigen Formen auch in der Musik und im Sprechgesang.

Der Handschuh

Vor seinem Löwengarten,
Das Kampfspiel zu erwarten,
Saß König Franz,
Und um ihn die Großen der Krone,
Und rings auf hohem Balkone
Die Damen in schönem Kranz .

Und wie er winkt mit dem Finger,
Auf tut sich der weite Zwinger,
Und hinein mit bedächtigem Schritt
Ein Löwe tritt,
Und sieht sich stumm
Rings um
Mit langem Gähnen
Und schüttelt die Mähnen
Und streckt die Glieder
Und legt sich nieder.

Und der König winkt wieder,
Da öffnet sich behänd
Ein zweites Tor,
Daraus rennt
Mit wildem Sprunge
Ein Tiger hervor.
Wie der den Löwen erschaut,
Brüllt er laut,
Schlägt mit dem Schweif
Einen furchtbaren Reif
Und recket die Zunge,
Und im Kreise scheu
Umgeht er den Leu,
Grimmig schnurrend,
Drauf streckt er sich murrend
Zur Seite nieder.

Und der König winkt wieder,
Da speit das doppelt geöffnete Haus

Zwei Leoparden auf einmal aus,
Die stürzen mit mutiger Kampfbegier
Auf das Tigertier;
Das packt sie mit seinen grimmigen Tatzen,
Und der Leu mit Gebrüll
Richtet sich auf - da wird's still;
Und herum im Kreis,
Von Mordsucht heiß,
Lagern sich die gräulichen Katzen.

Da fällt von des Altans Rand
Ein Handschuh von schöner Hand
Zwischen den Tiger und den Leu'n
Mitten hinein.

Und zu Ritter Delorges, spottenderweis,
Wendet sich Fräulein Kunigund:
»Herr Ritter, ist Eure Lieb so heiß,
Wie Ihr mir's schwört zu jeder Stund,
Ei, so hebt mir den Handschuh auf!«

Und der Ritter in schnellem Lauf,
Steigt hinab in den furchtbarn Zwinger
Mit festem Schritte,
Und aus der Ungeheuer Mitte
Nimmt er den Handschuh mit keckem Finger.

Und mit Erstaunen und mit Grauen
Sehen's die Ritter und Edelfrauen,
Und gelassen bringt er den Handschuh zurück.
Da schallt ihm sein Lob aus jedem Munde,
Aber mit zärtlichem Liebesblick –
Er verheißt ihm sein nahes Glück –
Empfängt ihn Fräulein Kunigunde.
Und er wirft ihr den Handschuh ins Gesicht:
»Den Dank, Dame, begehr ich nicht!«
Und verlässt sie zur selben Stunde.   *Friedrich Schiller*

Das Gedicht erleben

- Friedrich Schiller hat hier eine Anekdote vom französischen Hof verarbeitet, die historisch belegt ist. Kinder sind fasziniert, dass dies „eine echte und wahre Geschichte ist". Das Verhalten Fräulein Kunigundes ist immer wieder Gesprächsanlass. „Das war aber nicht gut, dass die den zu den Löwen und Tigern und Leoparden geschickt hat, weil die beißen Menschen tot." Die alten Wörter „Leu" (Löwe) und „Altan" (Balkon) interessieren genauso wie das Rittertum im ausgehenden Mittelalter.

  Insbesondere Jungen sind begeistert von dieser Geschichte, in der sie ihr oft handlungsleitendes Thema „Kämpfen" literarisch bearbeitet wiederfinden. Auch über den Mut des Ritters Dolorges, über die gefährliche Situation im Käfig wird häufig in vielen Perspektiven gesprochen und nachgedacht.

- Bereiten Sie Ihre Sprechversion der Ballade vor – es lohnt sich.

- Besonders erfreulich ist es für Kinder, wenn Sie die Ballade auch in den ausdrucksvollen Bildern von Jacky Gleich betrachten können. Löwen und Tiger, Ritter und Edelfrauen sind hier originell und mit viel Körpersprachlichkeit ins Bild gesetzt. Die Illustrationen lehnen sich an die Zeit an, aus der dieses Geschehen berichtet wird und ergänzen das Erzählgedicht aufs Allerbeste (Friedrich Schiller / Jacky Gleich: Der Handschuh, Kindermann 2009).

- Eine Rap-Version zum Immer-wieder-Anhören haben die „Jungen Dichter und Denker" aufgenommen (Die besten klassischen Gedichte, JDD Music 2012).

> **Altersgruppe**
> Kinder ab 5 / 6 Jahren
> **Materialien**
> - Evtl. Bilderbuch „Der Handschuh"

Weitere für Kinder ab fünf, sechs Jahren geeignete Balladen:
Johann Wolfgang Goethe: Das Heidenröslein
August Kopisch: Die Heinzelmännchen
Heinrich Heine: Die Lorelei
Theodor Fontane: Herr Ribbeck auf Ribbeck im Havelland
(als Bilderbuch im Altberliner Verlag erhältlich)

Für Kinder ab sieben, acht Jahren geeignete Balladen (jeweils als Bilderbuch erhältlich in der Reihe „Poesie für Kinder" bei Kindermann):
Johann Wolfgang Goethe: Der Zauberlehrling
Theodor Fontane: John Maynard
Friedrich Schiller: Der Taucher

Kreative Ideen rund um Gedichte

Gedichte gemeinsam erleben, in Gedichte eintauchen, das braucht zum einen eine lyrikfreundliche Atmosphäre, zum anderen originelle Präsentationsformen, die immer wieder auf die Gestaltung dieser Sprachkunst aufmerksam werden lassen. In vielfältigen Projekten, die oft durch kleine Dinge und Aha-Erlebnisse Kinder und Erwachsene zur Gestaltung von Texten einladen, gibt Lyrik Anlass zum Mit- und Selbermachen.

Zum Verschenken:
Taschenlyrik mit Vierzeilern

Gedichte können gesprochen, aber auch in Schriftform verschenkt werden. Verschriftet, und in einer kleinen Schachtel beheimatet, sind sie als „Taschenlyrik" ein wunderbares literarisches Geschenk.

Taschenlyrik selber machen

Die Kinder lassen sich Gedichte vorlesen, schmökern selbst in Anthologien oder hören sich Lyrik CDs an. Sie wählen sich ein Lieblingsgedicht aus.

Von einem DIN-A4-Papier schneiden sie sich einen Papierstreifen in der Breite der Streichholzschachtel ab. Die Kinder lassen sich die Gedichte von einer schreibkundigen Person aufschreiben oder schreiben sie selbst auf diesen Streifen.

Dann verzieren sie den Streifen und falten ihn in Leporelloform zusammen, sodass er in die Streichholzschachtel passt. Sie gestalten die Streichholzschachtel mit den bunten Papier- oder Stoffresten, verzieren sie nach ihren Vorstellungen mit Glitzersteinchen oder Federn und packen das Gedicht in die Streichholzschachtel.

In der Vorweihnachtszeit lässt sich aus 24 Schachteln ein lyrischer Adventskalender gestalten.

Für die Taschenlyrik eignen sich besonders kurze Gedichte – Meister der lyrischen Kurzform sind beispielsweise Josef Guggenmos und Frantz Wittkamp.

Frantz Wittkamp versteht es wunderbar, weise und sinnig kleine Texte zu produzieren, die manchmal scheinbar naiv daherkommen, gleichzeitig aber tiefe Wahrheit und Weisheit vermitteln. Seine liebenswerten und humorvollen Gedichte nennt er „Findlinge". Findlinge sind poetische Schatzkästchen, die Kinder und Erwachsene zum Weiterdenken animieren, die sie anregen, den Leerstellen eigenen Sinn zu verleihen.

Lyrisch verdichtet wie er ist, passt solch ein Findling, aufgeschrieben auf einen kleinen Papierstreifen, in eine kleine Streichholzschachtel. Kinder lieben es, diese Gedichte, schön verpackt in der selbst gestalteten Schachtel, an andere zu verschenken. Dabei machen sie die Erfahrung, dass Gedichte nicht nur mündlich, sondern auch in Schriftform weitergegeben werden können. Und oft erleben sie, dass die Beschenkten interessiert und erfreut auf den Text regieren. Derartige Erlebnisse tragen dazu bei, dass Kinder eine Beziehung zu Gedichten aufnehmen und Lyrik interessant finden.

Fünf Vierzeiler zum Verschenken

Ich freue mich wenn ich dich seh.
Ich finde dich so nett.
Ich schenke Dir mein H und E
mein R und auch mein Z.

Wir sagen Wörter in den Wind,
damit sie Flügel kriegen.
Weil Wörter nämlich Vögel sind.
Sie können alle fliegen.

Kater zieh die Stiefel aus
komm wir gehen hinaus.
Wenn ich nicht mehr laufen kann,
trägst du mich nach Haus.

Das Glück ist süß wie Kuchen.
Und schön wie ein Gedicht.
Du musst es aber suchen,
sonst findest du es nicht.

Ich schenk dir ein Schloss, das ist nicht bezahlt,
und Rosen, die sind aus Papier,
und Edelsteine, die sind nur gemalt,
und Gedichte, die sind von mir.

© Frantz Wittkamp. Alphabetbuch. Alphabeet Verlag 2012

Das „Alphabetbuch" ist ein Kalenderbuch, das mit 365 Vierzeilern erfreut – für jeden Tag eine kleine lyrische Kostbarkeit zum Selbergenießen und Weiterverschenken und für viele lyrische Erlebnisse mit Kindern.

Gedichte selber schreiben: Elfchen und Farbgedichte

Elfchen-Werkstatt

Altersgruppe
Kinder ab 6 Jahren
Materialien
• Elfchenbauplan

Ein Elfchen spricht in Bildern. Es ist eine vereinfachte Art des Haiku, einer japanischen Gedichtform, die nach strengen Regeln aufgebaut ist (mehr dazu S. 78), und hat sich bei uns in den letzten 20 Jahren verbreitet.

Die formalen Vorgaben zur Gestaltung eines Elfchens sind relativ einfach: Es hat fünf Zeilen und besteht aus elf Worten. Inhaltlich sieht der Bauplan für ein Elfchen folgendermaßen aus:

1. Zeile	1 Wort	Wie ist es?	Farbe oder andere Eigenschaft	Golden
2. Zeile	2 Wörter	Wer oder was ist es?	Etwas in dieser Farbe/Thema	Die Sterne
3. Zeile	3 Wörter	Was ist passiert? Was kann ich sehen?	Kennzeichen des Themas	In samtener Nacht
4. Zeile	4 Wörter	Erzähl noch mehr!	Ich-Wahrnehmung des Verfassers	Ich sehe sie funkeln
5. Zeile	Schluss		Ein abschließendes Wort	Glück

Obwohl das Elfchen immer in der gleichen formalen Verbindlichkeit entsteht, kann es eine Vielfalt von Inhalten aufgreifen. Kinder freunden sich mit dieser Gedichtform zunächst über das Hören an.

• Schreiben Sie nach dem vorgegebenen Bauplan zunächst Ihre eigenen Elfchen. Sie werden spüren, dass diese verdichtete lyrische Form recht schnell Kreativität wachruft und Schreibfreude erleben lässt.

• Tragen Sie den Kindern Ihre Elfchen vor, schreiben Sie die Elfchen auf ein großes Blatt Papier und lassen Sie die Kinder Bilder dazu malen.

• Interessierte Kinder suchen sich oft ihre Lieblingselfchen aus und lassen sich diese immer wieder vorlesen, bis sie sie auswendig können. Mit der Zeit wird den Kindern die einfache rhythmische und zählbare Struktur dieser Schreibform vertraut sein. Dann ermutigen Sie die Kinder, eigene Elfchen zu bauen.

• Worte sind das Baumaterial, die Natur, die Jahreszeiten und die Themen der Kinder sind Fundgruben für die Elfchenproduktion und bieten unendlich viele Anregungen, den eigenen Empfindungen und Vorstellungen Ausdruck zu verleihen. Zwei Beispiele:

- Bei einem Herbstspaziergang sammeln die Kinder Kastanien und beschließen, dass diese doch auch für ein Elfchen taugen. In der Kita liegen die Kastanien auf dem Tisch, und zwei Kinder bauen gemeinsam mit der Erzieherin ein Elfchen, das diese aufschreibt.

Braun
Die Kastanie
Sie glänzt spiegelig
Ich möchte sie berühren
Kugeligel

- In der Kita hat ein Kind Schokolade dabei. Bevor alle davon etwas abbekommen, möchten die Kinder ein „Schokoladen-Elfchen schreiben", und angesichts der Tafel Schokolade entsteht das Gedicht:

Süß
Deine Schokolade
Wir können teilen
Ich sage danke dafür
Mhhh

Elfchen sind natürlich auch als „Taschenlyrik" zum Verschenken geeignet. Besondere Würdigung erfahren die Elfchen der Kinder, wenn sie in großer Schrift auf einem Blatt Papier festgehalten – und dann möglicherweise in einem Bilderrahmen präsentiert werden.

Haiku – Sehnsuchtsbilder und gefühlte Realität

Das Haiku ist ein japanisches Kurzgedicht und sozusagen der lyrische große Bruder des Elfchens. Seit über 500 Jahren werden in Japan, und mittlerweile auch in unserem Kulturraum, Haikus geschrieben. Das Haiku hat drei Zeilen, von denen die erste Zeile fünf, die zweite Zeile sieben und die dritte Zeile wieder fünf Silben hat.

Diese knappe, silbenorientierte Form zwingt den Dichter, komprimiert und präzise zu formulieren. Das Haiku hat traditionellerweise Stimmungen und Naturerscheinungen zum Gegenstand, kann aber auch die eigene Lebenswelt des Schreibenden darstellen.

Sternenlicht im Teich –
Immer wieder trübt der Wind
seine Spiegelung.
Jòsò (1661–1704)

Da lief eine Maus
Von diesem Loch zu jenem
Barfüßig im Schnee!
Josef Guggenmos (1922–2003)

Kunterbunte Farbgedichte im Lyrikzelt

Altersgruppe
Kinder ab 4 Jahren
Materialien
• Tücher für Farbzelte
• Kleidung in Lieblingsfarben
• Rote, grüne, gelbe, blaue Farbstifte
• Farbgedichte-Schema
• Gegenstände für die Farbsammlungen

Um in die Versproduktion einzusteigen, bauen sich die Kinder Farbzelte aus großen und kleinen Tüchern, die zusammengeknüpft werden. Es können mehrere kleinere Zelte jeweils einfarbig gestaltet werden oder aber auch ein großes kunterbuntes Zelt. Zur Einstimmung kleiden sich die Kinder jeweils in ihrer Lieblingsfarbe.

• Alle versammeln sich im Zelt/in den Zelten und erleben die Wirkung und die Energie der Farben.
• Gemeinsam werden Farbwörter gesucht und gesammelt, die in den Gedichten auftauchen sollen:
Rote Wörter: Marmelade, Rose, Tomate, Zunge, Feuer, Lippenstift, Rotkäppchen, Kirschsaft, Blut, Ziegelstein, Feuerwehr, Erdbeere, Rotkehlchen, Herz …
Blaue Wörter: Himmel, Wasser, Rittersporn, See, Meer, Blaubeere, Zwetschge, Glockenblume …

Gelbe Wörter: Eidotter, Zitrone, Sonne, Sterne, Mond, Entenküken, Sonnenblume, Mirabelle ...

Grüne Wörter: Blatt, Gras, Erbse, Grashüpfer, Wiese, Frühling, Frosch, Eidechse, Salat, Spinat, Dino, Petersilie ...

- Nach folgendem Schema können die Kinder nun in freien Versen farbige Lyrik schaffen:

Meine Lieblingsfarbe ist ...	Gelb	Grün
Alles ist ...	Alles ist gelb	Alles ist grün
Was gibt es in dieser Farbe?	Gelb ist die kleine Ente	Grün ist das Blatt
Was gibt es noch in dieser Farbe?	Gelb ist der Zitronenfalter	Grün ist die Wiese
Und was noch?	Gelb ist der Dotter im Ei	Grün ist der Frühling
Wie fühlt sich die Farbe an? Wie findest Du diese Farbe?	Gelb ist warm	Grün ist wunderschön
Alles ist ...	Alles ist gelb	Alles ist grün
	Leonie, 5	Milena, 6

Die Farbgedichte werden verschriftlicht und in den Zelten/im Zelt aufgehängt. Dazu erstellen die Kinder in den jeweiligen Farben Sammlungen mit Gegenständen, die sie in der Einrichtung finden oder von zu Hause mitbringen. So entstehen interessante kleine Farbmuseen.

Leo Lyrik – ein Freund von Gedichten und Kenner der Lyrik

Kinder brauchen eine sprachanregende Umgebung und dazu gehört, dass ihre Umgebung ihnen Zugang zur Lyrik ermöglicht. Kinder haben bekanntlich allergrößte Lust auf alles, was gut klingt, und somit ist es in dieser Phase wunderbar leicht, sie an alle möglichen Facetten der Lyrik heranzuführen.

Damit solche Erlebnisse gesichert sind, muss ihnen im täglichen Ablauf Zeit eingeräumt werden. Rituale sind hier ein wunderbares Mittel, denn sie bieten einen verlässlichen, wiederkehrenden Raum, in dem sich Erfahrungen wiederholen lassen.

Aus solchen Gedanken heraus wurde Leo Lyrik geboren. Er ist der Hüter des lyrischen Rituals, und er sorgt dafür, dass es stattfindet. Als Puppe ist er charakterlich frei und kann mit allen Attributen besetzt werden, die es den Kindern ermöglichen, sich spielerisch der Lyrik anzunähern.

- Leo weiß viel über Gedichte, aber er will noch mehr wissen. Das ist gut so. Er stellt Warum-Fragen, kommentiert Texte, spürt ihnen nach, denkt über sprachliche Strukturen nach und liebt Morgensterns „Wiesel" genauso wie tiefgründige Lyrik von Rose Ausländer oder Romantisches von Eichendorff. Er fordert immer wieder Neues, sorgt dafür, dass die Gedichte, die schon im Hausschatz verankert sind, immer wieder erlebt werden, spricht mit, hört aber auch liebend gerne zu, wenn Gedichte vorgelesen und vorgetragen werden. Manchmal erfüllt er Wünsche und besorgt ein Gedicht über die Sonne oder eines über eine Schildkröte. Denn lyrische Texte besitzt er reichlich – hat er doch einen ganzen Bücherschatz zur Verfügung und kennt deshalb die besten Quellen, nicht nur für Quatschgedichte. Enthusiastisch pflegt er eine Wortsammelstelle und forscht besonders gerne in Sachen Sprachwitz. In seinem Besitz sind die Dosen mit Zauberwörtern und anderen wunderbaren oder auch nicht so wunderherrlichen Wortfundstücken. Kurzum – alle sind glücklich mit ihm, und wenn er mal verschläft oder verreist war, wird sein Wiederauftauchen wild beklatscht.

- Respekt – vor Leo und so viel Talent? Lassen Sie sich inspirieren und (er)finden Sie Ihren persönlichen Mitarbeiter und Assistenten, der gemeinsam mit Ihnen den Alltag zum Gedicht macht, in dem die Kinder Gedichte erleben und ihre Gedichte finden können. Erwecken Sie Ihren Leo zum Leben, geben Sie ihm seinen Charakter und seine individuelle Art, sich zu bewegen, seine spezielle Stimme und Sprechweise.
Es lohnt sich, in eine solche Schöpfung Zeit, Gedanken und Herzblut zu investieren. So werden Sie eine Persönlichkeit zur Hand haben, die Sie in ihren lyrischen und sprachbildenden Abenteuern begleiten kann.

Tipps & Tricks für das Spiel mit Leo Lyrik

- Wenden Sie sich mit Ihrer Körperhaltung dem Publikum zu, so wird es in das Geschehen einbezogen.
- Konzentrieren Sie sich auf die Figur. Das hilft auch den Kindern, sich auf die Figur zu konzentrieren und sich vom Geschehen in den Bann ziehen zu lassen.
- Wenn die Figur spricht, geben Sie ihr Sprechimpulse. Das macht die Figur lebendig.
- Lassen Sie sich bei den Dialogen mit der Figur Zeit! Zählen Sie innerlich Einundzwanzig, Zweiundzwanzig – erst dann erfolgt der Sprecherwechsel. Das ermöglicht den Kindern, das Gesprochene zu verarbeiten.
- *Interaktive Sprachspiele mit Leo Lyrik*
  Leo Lyrik kann auch einmal Besuch bekommen, denn gerade die simple Rollenverteilung zweier Figuren eröffnet die Chance für (inter)aktive Spielsituationen, in denen verschiedenste Aspekte der Sprache thematisiert werden.
  Ein Beispiel: Leo trifft einen Hasen. Der Hase kommt aus einem anderen Land, Deutsch ist nicht seine Muttersprache. Leo versucht, ihm ein Gedicht zu vermitteln. Der Hase findet Rhythmus und Klang wunderbar und hüpft begeistert mit, den ganzen Text kann er natürlich nicht sofort. Aber da helfen ihm die Kinder und unterstützen ihn mit Worterklärungen und mehrmaligen Wiederholungen.
  Im Gegenzug lehrt der Hase Leo und die Kinder ein Gedicht in seiner Muttersprache.

Gedichte im Bilderbuchkino

Im Bilderbuchkino werden die Abbildungen eines Bilderbuchs vergrößert an die Wand projiziert, parallel dazu tragen Sie, Kinder oder Eltern das Gedicht vor. So kann eine größere Gruppe von Kindern gleichzeitig die Bilder zur Lyrik betrachten.

Bilderbuchkino fasziniert und begeistert Kinder. Nicht zuletzt deshalb, weil das vergrößerte Lichtbild einen abgedunkelten Raum benötigt. Dies wirkt sich insbesondere in unserer reizintensiven Zeit sehr förderlich auf die Konzentrationsfähigkeit aus.

- Wird ein Gedicht im Bilderbuchkino vorgetragen, kommen folgende Aspekte zum Tragen:
  - das Gedicht wird durch Bilder ergänzt
  - wer vorliest, muss nicht vor ein Publikum treten, er liest beim Projektor
  - die Tonspur kann vorher aufgenommen und das Gedicht als Ton-Dia-Show präsentiert werden, so können Eltern für Kinder oder Kinder für Eltern lesen, ohne persönlich anwesend zu sein
- Kommerziell angebotene Bilderbuchkino-Pakete enthalten die textfreien Abbildungen des Buchs, das Bilderbuch im Original und eine Arbeitshilfe (Media Nova und Matthias-Film bieten solche Medienpakete zum Kauf an).
- Auszuleihen sind diese Bilderbuchkinos – digital als DVD und/oder analog als Dia-Serie, Bilderbuch und methodisches Begleitheft – in Medienzentren und Bibliotheken.

Lyrische Bilderbuchkino-Titel:

Ernst Jandl / Norman Junge: fünfter sein (*Matthias Film*)

James Krüss / Frauke Weldin: Weil bald Ostern ist (*Matthias-Film*)

Nadja Budde: Eins, zwei, drei, Tier! (*Media Nova Verlag*)

Axel Scheffler / Julia Donaldson: Der Grüffelo (*Media Nova Verlag*)

Axel Scheffler / Julia Donaldson: Für Hund und Katz ist auch noch Platz (*Media Nova Verlag*)

Tilde Michels / Reinhard Michl: Es klopft bei Wanja in der Nacht (*Media Nova Verlag*)

Gedichte in einer selbst gestalteten Diaschau

Klapp-Diarahmen mit Glas ermöglichen in kürzester Zeit die Gestaltung einer eigenen Dia-Schau. So lassen sich kurze Gedichte oder Kinderreime geheimnisvoll in Schwarz-weiß groß an der Wand betrachten, und die Kinder rezitieren den dazugehörigen Text.

Altersgruppe
Kinder ab 5/6 Jahren
Materialien
- Klapp-Diarahmen mit Glas (preisgünstig im Internet erhältlich)
- einige Kerzen, die gut rußen
- Holzwäscheklammern
- Zahnstocher
- ein Dia-Projektor

- Der Text eines Gedichtes wird in Szenenbilder aufgeteilt, wie hier am Beispiel des Kindergedichtes „Morgens früh um sechs":

Text	Dia	Szenen, die gemalt werden
Titel	1	
Morgens früh um sechs	2	Wecker
kommt die kleine Hex.	3	kleine Hexe
Morgens früh um sieben	4	Küchenuhr
schabt sie gelbe Rüben.	5	Karotten
Morgens früh um acht	6	Armbanduhr
wird Kaffee gemacht.	7	Kaffeetasse, dampfend
Morgens früh um neune	8	Kirchturmuhr
geht sie in die Scheune.	9	Haus und Hexe
Morgens früh um zehne	10	Digitale Zeitanzeige
holt sie Holz und Späne.	11	Holzscheite
Feuert an um elfe	12	Feuer
kocht sie bis um zwölfe	13	Kochtopf und Hexe
Fröschebein und Krebs und Fisch	14	Fische
Hurtig Kinder, kommt zu Tisch!	15	Tisch und Kinderköpfe
Abspann	16	

Es wird entschieden, wer welches Bild gestaltet.

- Aus jedem Dia-Klapprahmen drückt ein Erwachsener vorsichtig eines der zwei Gläser heraus. Mit einigen Wachstropfen befestigt er die Kerzen standsicher auf einem kleinen Teller. An jeder Kerze können zwei bis vier Kinder arbeiten.

  Die Kinder klemmen das aus dem Rahmen gedrückte Glas zwischen eine Wäscheklammer.

  Das Glas wird so lange über der Kerzenflamme hin und her bewegt, bis es durch den Ruß der Kerze eingeschwärzt ist.

  Die Kinder legen das Glas – mit der eingerußten matten Seite nach oben – auf ein Blatt Papier und zeichnen ihre Motive mit einem Zahnstocher in die geschwärzte Glasfläche.

  An den Plastik-Nippeln des Dia-Rahmens – diese halten das Glas im Rahmen – kratzen Sie mit einer Schere etwas Plastik ab. So kann man das Glas wieder in den Rahmen zurückdrücken.

  Das fertige Dia legen Sie – mit der gerußten Seite nach innen – in den Rahmen zurück.

  Zuletzt klappen die Kinder ihr Dia wieder zu.

  Die Kinder stellen die Dias in der korrekten Reihenfolge, seitenverkehrt und auf dem Kopf stehend in ein Dia-Magazin.

- Jetzt wird das Gedicht vorgeführt: Das Magazin wird in den Projektor geschoben, der Raum verdunkelt, und dann wird es spannend: Licht aus, Projektor an, und die Gedicht-Dia-Schau steht groß an der Wand.

  Sprechen die Kinder einzelne Zeilen solo, andere im Chor, klopfen zwischen den Zeilen mit den Schlaghölzern einen Rhythmus oder schnalzen mit den Fingern, wird aus einem bekannten Gedicht eine spannende Neuinszenierung, die viel Spaß macht und beispielsweise ein wunderbarer Beitrag zu jeglicher Festgestaltung ist.

Lyrische Hör-Anthologien – selbst produziert

Gedichte sprechen, Gedichte hören – die Begegnung mit Gedichten ist vor allem eine klangsprachliche – auch wenn das für uns Erwachsene manchmal in Vergessenheit geraten ist. Eigentlich liegt also der Einsatz von Aufnahmegerät und Mikrofon auf der Hand. Kinder fühlen sich beim Sprechen durch ein Mikrofon nicht gehemmt. Sie fühlen sich frei, Sprache zu gestalten und hören Aufnahmen ihrer eigenen Stimme (nach einer ganz kurzen Eingewöhnungsphase) auch gerne, ja begeistert zu. Eltern sind meist bereit, Gedichte vorm Mikro vorzulesen und lassen sich auf diesem Weg in lyrische Projekte einbinden. Ein ganz auf die Kindergruppe zugeschnittener Fundus lyrischer Sprachaufnahmen lässt sich meist ganz problemlos herstellen, analog oder digital.
Die Aufnahmen können natürlich mit unterschiedlichem Ehrgeiz aufgenommen werden, sie sollten aber nicht in eine Art stimmliches Einzeltraining münden. Besonders Gruppenaufnahmen sind wertvoll – und bei den Kindern sehr beliebt.

- Bereits die Kleinsten begeistern sich an einer Gruppenaufnahme „ihrer" Version vom „Zirkusabenteuer vom Löwen und vielen Tigern" (siehe S. 66) – und proben gern unterschiedliche Nuancierungen in Stimmgestaltung und Lautstärke aus.
- Die „coolen" Vorschüler würden sich beim Fink-und-Frosch-Rap (siehe S. 64) gern im Video sehen, aber eine Tonaufnahme tuts auch. Mit erstaunlichem Ehrgeiz testen sie aus, ob die Betonung wirklich rappt und was man mit Schnippen und Veränderungen der Intonation so alles machen kann.

Für Technikfreaks und solche, die es werden wollen
Audacity ist eine kostenloses Audioaufnahme- und Bearbeitungssoftware, die einfach zu bedienen ist. Mit einem externen Mikrofon können Sie Ihre Gedichte aufnehmen und anschließend auf Ihrem Computer oder Laptop speichern und bearbeiten. Sie finden das Programm im Netz unter http://audacity.sourceforge.net

Lyrik in der Ausstellung „Gedichte sind Lebensmittel für Kinder"

Damit Gedichte wieder alltäglich ihren Platz finden, sind kreative Methoden gefragt, die Kinder und Erwachsene überraschen und erfreuen. Besondere Aufmerksamkeit gewinnen Gedichte in einer eigenen Ausstellung – und die Tatsache, dass in dieser Ausstellung Gedichte in Weck-Gläsern präsentiert werden, in denen sonst Lebensmittel haltbar gemacht werden, ist schon sehr ungewöhnlich.

„Gedichte sind Lebensmittel für Kinder" – das hat Hans Joachim Gelberg, Verleger, Freund und Förderer der Lyrik für Kinder, bereits vor vielen Jahren formuliert.

Als ich mir in kurzer Zeit ein längeres Gedicht aneignen wollte und deswegen überall in der Wohnung einzelne Strophen aufhängte, packte ich diese in der Küche in Weck-Gläser, die in Blickhöhe im Regal standen. Da kam mir Gelbergs Formulierung wieder in den Sinn. Tja, so war mein Gedanke, in diesen Einweckgläsern sind die Gedichte nicht nur lesefreundlich versorgt, sondern zeigen sich im Wortsinn als Lebensmittel für Kinder. Alle, die diese Präsentationsform entdeckten, waren davon angetan. Zwischenzeitlich hat sich diese Ausstellungsidee samt ihrem Überraschungseffekt auch in der Öffentlichkeit bewährt.

Materialien
- Etwa 15–20 möglichst hohe Weck-Gläser mit Deckel
- Ebenso viele Kurzgedichte
- Filzstift
- Festes Papier

- Sie benötigen maximal 15 bis 20 Gedichte, die in vier bis zwölf Zeilen auf den Punkt kommen. Auf Frantz Wittkamps Gedichte (siehe S. 75) machen sich Menschen gerne in Ausstellungen einen Reim, aber auch von den Kindern produzierte Elfchen oder Farbgedichte (siehe S. 76 ff.) können „eingekocht" werden. Welche Gedichte gewählt werden, bestimmen die Kinder.
- Schreiben Sie die Gedichte kontrastreich (mit mittelbreitem schwarzem Filzstift) auf schöne Papiere.
- Die Kinder befüllen die Gläser (darauf achten, dass die Zeilen in der Draufsicht komplett zu erfassen sind) und schließen die Deckel.
- Die „eingekochte" Lyrik wird in lesefreundlicher Höhe platziert (ggf. Unter- und Hintergrund mit einem schwarzen Tuch abhängen – das erhöht den Kontrast und verstärkt die Wirkung ungemein). Die Kinder können auf oder vor den Gläsern kleine dreidimensionale Objekte platzieren, die ihrer Meinung zu dem von ihnen ausgewählten Gedicht dazugehören.
- Nun fehlt nur noch der Ausstellungstitel: Hängen Sie ein Spruchband „Gedichte sind Lebensmittel für Kinder" über das Arrangement!
  Und genau betrachtet, sind sie sprachliche Vollwertkost ...

Das Fest der Gedichte

Mit Gedichten lässt sich prima feiern. Und ein Fest, bei dem die Lyrik im Mittelpunkt steht, ist keinesfalls eine gestelzte Angelegenheit. Das wissen Sie, wenn Sie sich auf den Weg gemacht haben, um mit den Kindern gemeinsam den Alltag zum Gedicht zu machen ... Daher finden Sie hier keinen exakten Fahrplan, sondern Impulse für Ihre eigene Festgestaltung.

Ein paar grundsätzliche Bemerkungen zur Festgestaltung

- Ein Fest wird zum Fest, wenn alle gemeinsam feiern und nicht, wenn man gemeinsam konsumiert. Dass Gäste sich wohl befinden, Selbstbestärkung und Glücksmomente erleben, hängt nicht von pompös-aufwendiger Festgestaltung ab.
- Kinder wollen die Besonderheit einer Festsituation erleben, in diesem Rahmen aber Bekanntes wiederfinden, das, was sie bewegt. Der Handlungs- und Erfahrungsraum der Kinder prägt den Rahmen und die atmosphärische Gestaltung des Festes.

Gedichte im Theater aufführen, einen Rap inszenieren, lyrisch erzählte Geschichten wie den „Grüffelo" oder „Grünes Ei mit Speck" vorlesen, im Bilderbuchkino Jandls „fünfter sein" anschauen und auf schönen Papieren Gedichte mit goldenen Stiften abschreiben und verzieren ist genauso beliebt wie ein Gedichtekoffer, aus dem man sich ein Gedicht vorlesen lassen kann oder eine Hörstation, an der man eine CD mit Gedichten anhören kann, die Kinder, Eltern und Pädagoginnen selbst gesprochen haben.

Ein Gedichtebaum trägt als Lesefrüchte Gedichte. Man kann in Anthologien und Bilderbüchern herumlesen, plaudern, am Ende Gedichte tauschen.

Wer mag, stellt sich auf ein Podest und trägt sein Gedicht vor, erzählt, warum er es mag und wo er es gefunden hat.

Das Wunderbare an einem solchen lyrischen Fest ist, dass am Ende alle Besucher nicht nur ein lyrisches Sprachbad erlebt haben, sondern auch ihre Beziehung zu Gedichten vertieft, neu oder auch wieder gefunden haben.

Statt eines Schlusswortes

Bunte Tage, graue Tage,
dumme Tage, schlaue Tage,
dunkle Tage, lichte Tage,
alle sind Gedichtetage.

© Franz Wittkamp

Literatur

Lyrik im Bilderbuch

Rotraut Susanne Berner: ABC, die Katze lief im Schnee. Hanser Verlag 2005 (ab 2 Jahren).

Nadja Budde: Eins, zwei, drei Tier! Peter Hammer Verlag 2004 (ab 3 Jahren).

Dr. Seuss: Grünes Ei mit Speck. Fischer Verlag 2011 (längere, lyrisch erzählende Texte zum Vorlesen für die ganze Familie; auch für Leseanfänger geeignet).

Heinz Erhardt / Christine Sormann: Warum die Zitronen sauer wurden. Lappan Verlag 2009 (Heinz Erhardt für Kinder, mit viel Witz illustriert, schon für die Kleinsten ab 3 Jahren).

Theodor Fontane / Bernd Streiter: Herr von Ribbeck auf Ribbeck im Havelland. Altberliner Verlag 2012 (hier geht's um die Birne: der Klassiker unter den Balladen, liebevoll illustriert, zum Vorlesen und Selberlesen).

Yvonne Hergane / Christiane Pieper: Einer mehr. Peter Hammer Verlag 2011 (erster Zählspaß, ab 2 Jahren).

Saskia Hula / Verena Hochleitner: Oje, sagt die Fee. Nilpferd im Residenz Verlag 2010 (Reim- und Schauvergnügen, ab 4 Jahren).

Ernst Jandl / Norman Junge: Fünfter sein. Verlag Beltz & Gelberg 2009 (allerbeste Vorbereitung für den Arztbesuch, ab 3 Jahren).

Ernst Jandl / Norman Junge: Immer höher. Tulipan Verlag 2011 (kein Kindergedicht und doch ein absoluter Klassiker für Kinder – dank der genialen Illustrationen, ab 3 Jahren).

Ernst Jandl / Monika Maslowska: Auf dem Land. Mixtvision-Verlag 2012 (Buch und CD – Jandl liest, respektive grunzt, singt, brüllt, zirpt ... höchstselbst – und alle sind zum Mit- und Nachmachen eingeladen! Ab 4 Jahren).

Heinz Janisch / bookolino & 11 Illustratorinnen: Kommt ein Boot. Ein Gedicht in 11 Bildern und 22 Sprachen. Nilpferd im Residenzverlag 2012 (vielsprachige Einladung in die Welt der Fantasie, ab 5 Jahren).

August Kopisch / Nikolaus Heidelbach: Die Heinzelmännchen von Köln. Verlag Beltz & Gelberg 2012 („Ach, dass es noch wie damals wär! Doch kommt die schöne Zeit nicht wieder her!" – Kopischs Klassiker aus dem 19. Jh. mit entstaubten Illustrationen, ab 5 Jahren).

James Krüss / Alexandra Junge: Wenn die Möpse Schnäpse trinken. Aufbau Verlag 2007 (opulente Bilder mit witzigen Details machen den Sprach-Unsinn von Krüss auch noch zum Schauvergnügen, ab 4 Jahren).

James Krüss / Anke Kuhl: 3 x 3 an einem Tag. Fischer Taschenbuch Verlag 2011 (ab 2 Jahren).

James Krüss / Liesel Stich: Henriette Bimmelbahn. Boje Verlag 2011 (zum Anschauen und Mitsprechen, ab 2 Jahren).

Joachim Ringelnatz / Christine Sormann: In Hamburg lebten zwei Ameisen. Lappan Verlag 2012 (20 Gedichte des „reisenden Artisten" Ringelnatz, farbenfroh illustriert, bieten Schau-, Vorlese- und Lesespaß, ab 4 Jahren).

Harry Rowohlt / Walter Trier: Der lustige Dampfer. Dressler Verlag 2009 (Im Nachlass von Erich Kästner wurden die Illustrationen von Walter Trier aus den 1940ger Jahren entdeckt – Harry Rowohlt hat jüngst den Bildern ultrakomische Reimfüße verliehen: Kicherspaß garantiert, ab 2 Jahren).

Elisabeth Schawerda / Helga Bansch: Das Geheimnis ist blau. Dom Verlag 2011 (fantastisch fragender lyrischer Ausflug in die Welt der Farben, ab 4 Jahren).

Axel Scheffler / Julia Donaldson: Der Grüffelo. Verlag Beltz & Gelberg 1999 (Achtung: Ohrwurm! Einprägsame Reime + starke Illustrationen – das aufregend-witzige Plädoyer für die Kraft der Fantasie begeistert, ab 3 Jahren).

Friedrich Schiller / Jacky Gleich: Der Handschuh. Kindermann Verlag 2009 (anspruchsvolle, spannende Ballade, witzig und lehrreich präsentiert – zum Vorlesen ab 3 Jahren, zum Selberlesen ab 7 Jahren).

Jean-Pierre Siméon / Oliver Tallec / Franz Hohler: Gedicht für einen Goldfisch. Gerstenberg Verlag 2009 (Was ist ein Gedicht? Der Himmel auf der Zunge? Diese wunderbare, wundersame Einführung in die Welt der Poesie erklärt nichts und sagt doch alles, ab 4 Jahren).

Anthologien

Gerda Anger-Schmidt / Renate Habiger: Neun nackte Nilpferddamen. Aller Unsinn macht Spaß. Arena Verlag 2008.

Heinz und Christine Brand (Hrsg.): Ach, du liebe Zeit. Lappan Verlag 2007.

50 Kindergedichte. Reclam Verlag 2000.

Hans Magnus Enzensberger: Allerleirauh. Viele schöne Kinderreime. 1. Aufl. Suhrkamp 1961 (Neuausgabe Insel Verlag 2012).

Hans Joachim Gelberg (Hrsg.): Großer Ozean. Gedichte für alle. Verlag Beltz & Gelberg 2006.

Hans Joachim Gelberg (Hrsg.): Wo kommen die Worte her? Neue Gedichte für Kinder und Erwachsene. Verlag Beltz & Gelberg 2012.

Robert Gernhardt: Reim und Zeit. Gedichte. Reclam 1995.

Robert und Almuth Gernhard: Ein gutes Wort ist nie verschenkt. Gedichte und Geschichten für Kinder. Fischer Verlag 2009.

Erwin Grosche / Karsten Teich: Wenn mein Dackel Flügel hätte. Gedichte und Geschichten zum Spielen, Basteln und Spaßhaben. Boje Verlag 2010

Erwin Grosche / Dagmar Geisler: König bin ich gerne. cbj – Verlagsgruppe Random
House GmbH 2006.

Josef Guggenmos: Was denkt die Maus am Donnerstag. Deutscher Taschenbuch Verlag
2010.

Josef Guggenmos / Sabine Friedrichson: Groß ist die Welt. Die schönsten Gedichte.
Verlag Beltz & Gelberg 2006.

Amelie Fried / Sybille Hein: Ich liebe dich wie Apfelmus. Die schönsten Gedichte für
Große und Kleine. Verlag cbj 2006.

Sylvia Hüsler: Kinderverse aus vielen Ländern. Buch und CD. Lambertus Verlag 2009.

James Krüss: Soviel Tage wie das Jahr hat. C. Bertelsmann Verlag 1989.

James Krüss / Sabine Wilharm: James Tierleben. Carlsen Verlag 2003.

Max Kruse / Katja Wehner: Die schönsten Kindergedichte. Aufbau Verlag 2003.

Boy Lornsen: Der Tintenfisch Paul Oktopus. Boje Verlag 2009.

Edmund Jacoby / Rotraut Susanne Berner: Dunkel war's der Mond schien helle. Verse
Reime Gedichte. Gerstenberg Verlag 1999.

Heinz Janisch (Hrsg.) / Christine Sohrmann: Morgennatz und Ringelstern. Gedichte
von Christian Morgenstern und Joachim Ringelnatz. Betz Verlag 2005.

Mascha Kaléko / Verena Ballhaus: Der Papagei und andere komische Tiere. Boje Verlag 2009.

Mascha Kaléko / Verena Ballhaus: Wie's auf dem Mond zugeht. Boje Verlag 2010.

Paul Maar / Ute Kraus: Jaguar und Neinguar. Gedichte von Paul Maar. Oetinger Verlag
2007.

Paul Maar: Da bin ich gespannt wie ein Gummiband. Die samsigsten Sprüche vom
Sams. Oetinger Verlag 2012.

Arne Rautenberg / Karsten Teich: Der Wind lässt tausend Hütchen fliegen. Boje Verlag
2010.

Jutta Richter: Am Himmel hängt ein Lachen. Boje Verlag 2009.

Manfred Schlüter: Reimeeimer. Boje Verlag 2006.

Jürg Schubiger / Wiebke Oeser: Der Wind hat Geburtstag. Peter Hammer Verlag 2010.

Günter Stolzenberger / Claudia Weikert: Gedichte für Kinder. Zum Lesen und Vorlesen.
Insel Verlag 2004.

Fredric Vahle: Ich und du und der Drache Fu. Geschichten und Gedichte. Verlag Beltz
& Gelberg 2012.

Frantz Wittkamp: Alphabetbuch. Alphabeetverlag 2012.

Hör-CDs

Dunkel war's der Mond schien helle. Verse Reime Gedichte. Gerstenberg: Jumbo Neue Medien 2000.

Eene meene miste ... Die schönsten Kinderreime. Sauerländer Audio 2011.

Junge Dichter und Denker: Junge Dichter und Denker – die 1te, / ...die 2te. Lacrima Records 2006, 2009.

Johann Wolfgang Goethe / Peter Härtling: Goethe für Kinder: Ich bin so guter Dinge. Der Hörverlag 2004.

James Krüss: Wenn die Möpse Schnäpse trinken. Verdrehte Geschichten und vertauschte Gedichte. Aktive Musik 2005.

James Krüss / Hans Clarin: James Tierleben. Hörcompany 2004.

James Krüss: Die Seefahrt nach Rio. Hörcompany 2012.

August Kopisch: Die Heinzelmännchen. Und andere Geschichten aus Opas altem Buch. Ucello 2008.

Paul Maar: Jaguar und Neinguar. Gedichte von Paul Maar. Oetinger Audio 2008.

Ottos Mops ... und andere tolle Gedichte für Kinder. Headroom 2007.

Joachim Ringelnatz: Ritze, Rotze, Ringelratz. Ausgesprochene Frechheiten mit Otto Sander. Sauerländer Audio 2011.

Oliver Steller: Oliver Steller spricht und singt Gedichte für Kinder 1–4. Naxos Deutschland 2000, 2007, 2011.

Frantz Wittkamp: Du bist da, und ich bin hier. Gedichte und Geschichten gelesen von Manfred Steffen. Hörcompany 2007.

Über Lyrik

Ute Andresen: Versteh mich nicht so schnell. Gedichte lesen mit Kindern. Beltz 2009.

Gerlinde Belke (Hrsg.): Mit Sprache(n) spielen. Kinderreime, Gedichte und Geschichten für Kinder zum Mitmachen und Selbermachen. Textsammlung. Schneider Verlag 2012.

Gerlinde Belke: Poesie und Grammatik. Kreativer Umgang mit Texten im Deutschunterricht mehrsprachiger Lerngruppen. Textkommentar. Schneider Verlag 2012.

Klaus Berg: Gedichte im Gedächtnis? Vom Verlust der Gedächtniskultur in und außerhalb der Schule. Königshausen & Neumann 2005.

Ludwig Harig: Wie die Wörter tanzen lernten. Eine erlebte Poetik. Fischer Verlag 2009.

Julia Knopf: Literaturbegegnung in der Schule. Eine kritisch-empirische Studie zu literarisch-ästhetischen Rezeptionsweisen in Kindergarten, Grundschule und Gymnasium. ludicium 2009.

Sylvia Näger: Literacy. Kinder entdecken Buch-, Erzähl- und Schriftkultur. Herder 2013.

Barbara Sichtermann / Joachim Scholl: 50 Klassiker Lyrik. Bedeutende deutsche Gedichte. Gerstenberg 2005.

Andreas Thalmayr: Das Wasserzeichen der Poesie. Oder die Kunst und das Vergnügen, Gedichte zu lesen. Eichborn 2009.

Andreas Thalmayr: Lyrik nervt. Erste Hilfe für gestresste Leser. Carl Hanser 2004.

Anja Wildemann: Kinderlyrik im Vorschulalter. Kinder zwischen Mündlichkeit und Schriftlichkeit. Peter Lang 2003.

Günther Waldmann: Produktiver Umgang mit Lyrik. Eine systematische Einführung in die Lyrik, ihre produktive Erfahrung und Ihr Schreiben. Schneider Verlag 2010.

Verzeichnis der Quellen

S. 29: Die zwei Wurzeln (Christian Morgenstern, 1871–1914)
aus: Galgenlieder (1905), wieder abgedruckt z. B. in: Christian Morgenstern, Alle Galgenlieder, hrsg. von Margaretha Morgenstern, Diogenes Verlag, Zürich 1981, S. 93.

S. 30: Im Park (Joachim Ringelnatz, 1883–1934)
aus: Reisebriefe eines Artisten (1927), wieder abgedruckt z. B. in: Joachim Ringelnatz, Sämtliche Gedichte, Diogenes Verlag, Zürich 2005, S. 204.

S. 31: Der Schnupfen (Christian Morgenstern, 1871–1914)
aus: Nachlese zur Galgenpoesie (1928), wieder abgedruckt z. B. in: Christian Morgenstern, Gedichte, hrsg. von Reinhardt Habel, Insel Verlag, Frankfurt a. M. 2003, S. 197.

S. 32: Der Engel der Langsamkeit (Jutta Richter, *1955, lebt im Münsterland)
aus: Jutta Richter/Susanne Janssen: An einem großen stillen See. Illustriert von Susanne Janssen © Carl Hanser Verlag München 2003.

S. 34: Die Sterne (Rose Ausländer, 1901–1988)
aus: Rose Ausländer: Ich höre das Herz des Oleanders. Gedichte 1977–1979 © S. Fischer Verlag GmbH, Frankfurt am Main 1984.

S. 37: Die Trichter (Christian Morgenstern, 1871–1914)

aus: Galgenlieder (1905), wieder abgedruckt z. B. in: Christian Morgenstern, Gedichte, hrsg. von Reinhardt Habel, Insel Verlag, Frankfurt a. M. 2003, S. 22.

S. 38: *Fisches Nachtgesang* (Christian Morgenstern, 1871–1914)
aus: Galgenlieder (1905), wieder abgedruckt z. B. in: Christian Morgenstern, Gedichte, hrsg. von Reinhardt Habel, Insel Verlag, Frankfurt a. M. 2003, S. 20.

S. 40: *Gruselett* (Christian Morgenstern, 1871–1914)
aus: Nachlese zur Galgenpoesie (1928), wieder abgedruckt z. B. in: Christian Morgenstern, Gedichte, hrsg. von Reinhardt Habel, Insel Verlag, Frankfurt a. M. 2003, S. 184.

S. 41: *Spissi Spassi* (Franz von Pocci, 1807–1876)
aus: Kasperl unter den Wilden (in: Lustiges Komödienbüchlein, 1853), wieder abgedruckt in: Franz von Pocci, Kasperlkomödien, Reclam, Stuttgart 1999.

S. 42: *Das große Lalula* (Christian Morgenstern, 1871–1914)
aus: Galgenlieder (1905), wieder abgedruckt z. B. in: Christian Morgenstern, Gedichte, hrsg. von Reinhardt Habel, Insel Verlag, Frankfurt a. M. 2003, S. 16.

S. 45: *Traktor-Geknatter* (Hans A. Halbey, 1922–2003)
aus: Hans A. Halbey, Bilder und Gedichte für Kinder, Westermann Verlag Braunschweig 1971. © Erben Hans A. Halbey GBR.

S. 46: *Die drei Spatzen* (Christian Morgenstern, 1871–1914)
aus: Nachlese zu den Kindergedichten, wieder abgedruckt z. B. in: Christian Morgenstern, Gedichte, hrsg. von Reinhardt Habel, Insel Verlag, Frankfurt a. M. 2003, S. 374.

S. 48: *Nach dem Spülen* (Erwin Grosche, *1955, lebt in Paderborn)
aus: Erwin Grosche, König bin ich gerne. Geschichten und Gedichte für Kinder © 2006 cbj Verlag, München, in der Verlagsgruppe Random House GmbH.

S. 50: *Der Gang zum Gong* (Fredrik Vahle, *1942, lebt in Lollar-Salzböden)
aus: Fredrik Vahle, Das Bewegungsliederbuch © 1996/2011 Beltz Verlag, Weinheim/Basel.

S. 51: *Ein Bericht von Gewicht* (Manfred Schlüter, *1955, lebt im Münsterland)
aus: Manfred Schlüter, Reimeeimer, Boje Verlag, Köln 2006 © Manfred Schlüter.

S. 53: *Die Enten laufen Schlittschuh* (Christian Morgenstern, 1871–1914)
aus: Nachlese zu den Kindergedichten, wieder abgedruckt z. B. in: Christian Morgenstern, Gedichte, hrsg. von Reinhardt Habel, Insel Verlag, Frankfurt a. M. 2003, S. 366.

S. 54: *Er ist's* (Eduard Mörike, 1804–1874)
aus: Maler Nolten. Novelle in zwei Teilen. 2. Teil (1832), wieder abgedruckt z. B. in. Eduard Mörike, Gedichte, hrsg. von Bernhard Zeller, Reclam, Stuttgart 1986 u. ö., S. 15.

S. 56: *November* (Elisabeth Borchers, *1926, lebt in Frankfurt)
aus: Und oben schwimmt die Sonne davon, mit Bildern von Dietlind Blech, © Ellermann Verlag, München 1981.

S. 59: *Das ästhetische Wiesel* (Christian Morgenstern, 1871–1914) aus: Galgenlieder (1905), wieder abgedruckt z. B. in: Christian Morgenstern, Gedichte, hrsg. von Reinhardt Habel, Insel Verlag, Frankfurt a. M. 2003, S. 25.

S. 60: *Die Ameisen* (Joachim Ringelnatz, 1883–1934)
aus: Die Schnupftabaksdose. Stumpfsinn in Versen (1912), wieder abgedruckt z. B. in: Joachim Ringelnatz, Sämtliche Gedichte, Diogenes Verlag, Zürich 2005, S. 72.

S. 61: *Gespräch einer Hausschnecke mit sich selbst* (Christian Morgenstern, 1871–1914)
aus: Nachlese zur Galgenpoesie (1928), wieder abgedruckt z. B. in: Christian Morgenstern, Gedichte, hrsg. von Reinhardt Habel, Insel Verlag, Frankfurt a. M. 2003, S. 128.

S. 62: *Alarm! Hier spricht die Polizei* (Robert Gernhardt, 1937–2006)
aus: Robert Gernhardt, Mit dir sind wir vier, mit Bildern von Almuth Gernhardt, © Insel Verlag, Frankfurt am Main 2000 (1. Auflage 1976).

S. 64: *Fink und Frosch* (Wilhelm Busch, 1832–1908)
aus dem Nachlass von Wilhelm Busch, wieder abgedruckt z. B. in: Wilhelm Busch, Gedichte und Bildergeschichten, Diogenes Verlag, Zürich 2007.

S. 66: *Ein Zirkusabenteuer mit einem Löwen und vielen Tigern* (Paul Maar, *1937, lebt in Bamberg)
aus: Jaguar und Neinguar. Gedichte von Paul Maar © Friedrich Oetinger Verlag, Hamburg 2007.

S. 69f.: *Der Handschuh* (Friedrich Schiller)
entstanden 1797, Erstdruck 1798, wieder abgedruckt z. B. in: Friedrich Schiller, Sämtliche Werke in 5 Bänden, Band 1, dtV, München ³1962, S. 346f.

S. 78: *Da lief eine Maus ...* (Josef Guggenmoos, 1922–2003)
Aus: Josef Guggenmoos, Rundes Schweigen. Ausgewählte Haiku 1982–2001 © Hamburger Haiku Verlag.